SHODENSHA
SHINSHO

帝国議会と日本人

―なぜ、戦争を止められなかったのか

島英俊

祥伝社新書

はじめに

現在、テレビの国会中継がさかんである。熊本震災対策、集団的自衛権、護憲・改憲、TPP、年金問題、介護福祉問題などの論議が、簡単に茶の間で見られる。カラーのフリップやグラフまで用意されている時もある。しかし、いくら視聴しても、一過性の断片で終わってしまうケースが多い。全体の流れのなかで見ないと、本質が見えてこないのだ。

国立国会図書館では現在、戦前の「帝国議会議事録」から戦後の「国会議事録」までデジタル化して、公開している。衆議院・貴族院（参議院）両院の全会期にわたり、本会議、常設委員会、特別委員会、臨時委員会など各種会議の議事録が、漏《も》れなく年月日ごとに整理されている。ただし、どの会議もA4換算で数十ページにわたる長いものが多く、すべてをプリントアウトすれば、紙の厚みは高さ一〇メートル以上に達するであろう。

近代史をライフワークとする私は、この「帝国議会議事録」から大事なエッセンスのみを抽出して、明治から昭和前半までの近現代史を新しい角度で眺《なが》めることを思いついた。この抽出作業はかなりの労力を要したが、埋《う》もれていた事件や論議に辿《たど》りつくたびに興奮を覚え、疲れは吹き飛んでしまった。なお、議事が「秘密会」扱い（傍聴人は退出、議事録も別途保管）の場合は、デジタル化されていないので、別途『帝国議会衆議院秘密会議事速記録集』にもあたり、重要議事を摘出した㊙マークを付《ふ》してある）。

選び出した議事は、分量では全体の一パーセント以下であるが、それは金鉱石から純金を選鉱する比率にも似て、中身の濃《こ》い読み応《ごた》えのあるものを抽出できたと思う。

引用資料のなかには、今日《こんにち》では不適切とされる表現も見受けられるが、時代背景や歴史的資料としての価値を考慮して、できるだけ原文のままとした。ただし、旧漢字、旧かなづかい、カタカナは読みやすさを考慮して現代表記に修正、句読点などを加除した。引用文も本文同様に注目していただき、ぜひ生《なま》資料としての魅力を味わってほしい。

本書の構成は、時系列に沿って事案ごとにまとめてある。各項では、まず歴史的背景を簡単に述べ、抽出した議事録を引用し、簡単に解説した。

帝国議会は一八九〇（明治二十三）年十一月二十九日に開会した第一回会期以来、一九四七（昭和二十二）年三月三十一日で解散する第九十二回会期まで、太平洋戦争の空襲中でさえ連綿《れんめん》と開かれた。戦前の日本は多くの戦争や紛争に直面したため、重要議事はどうしても「戦争と平和」問題が多い。しかし公害、震災、汚職、治安、経済恐慌、外交、憲法など多方面にも広がっている。

戦後の第八十八回会期から第九十二回会期では、堰《せき》を切ったように戦争責任論議が噴出し、大日本帝国憲法に代わる日本国憲法への期待を込めた審議・制定が行われた。その間、女性参政権も実現した戦後第一回総選挙が行われ、第九十、九十一、九十二回会期の衆議院は、この新メンバーによって運営された。

明治期においては国が強く民《たみ》は弱く、大正期に憲政《けんせい》が実現したが、昭和期は軍国主義が支配して論議が抑圧された、だから帝国議会議事録は読んでも面白くない——と思われるかもしれない。しかし、実態は大きく異なり、躍動している論議が実に多い。明治・大正期は議会政治がかなり影響力を発揮したことがわかるし、昭和期の議論が窒息したなかにも、闊達《かったつ》な議論が少なくない。特に、議員諸氏の命をかけた弁論は傾聴に値《あたい》するし、感動させられるものもある。

帝国議会の議事の流れから何らか歴史的教訓を読み取っていただければ、筆者にとってこれに勝《まさ》る僥倖《ぎょうこう》はない。

二〇一六年六月

小島《こじま》 英俊《ひでとし》

目次

第二章 政党政治と内外の問題

第三章 恐慌とテロの時代

第四章 戦争と帝国議会

第五章 新憲法と閉会

本文デザイン
盛川和洋

図表作成
篠 宏行

写真出典
『齋藤隆夫先生没後 60 年「遺墨・遺品」資料展図録』（没後 60 年資料展図録編集委員会編）／ 11、12
『新装版 帝国海軍艦艇ガイド』（歴史群像編集部編）／ 9
『図説 東京大空襲』（早乙女勝元著）／ 17
『別冊 1 億人の昭和史 昭和自動車史』（毎日新聞社編）／ 16

写真提供
朝日新聞社／4、6、13、15、18、19
共同通信社／14
国立国会図書館／2、3、7、10
鶴岡市郷土資料館／8
毎日新聞社／1、5

第一章

帝国議会誕生

1　第一回帝国議会

政府は消極的

一八六八（明治元）年の明治維新以降、日本が近代国家として認められるには憲法と議会が揃《そろ》わなくてはならない。その声は政府に先がけて、在野の板垣退助《いたがきたいすけ》、後藤象二郎《ごとうしょうじろう》、江藤新平《えとうしんぺい》、副島種臣《そえじまたねおみ》らから上がり、彼らは自由民権運動を主導した。政府内でも、大隈重信《おおくましげのぶ》が「国会開設・憲法発布」を声高《こわだか》に叫ぶも、「時期尚早《しょうそう》」を唱える伊藤博文《いとうひろぶみ》によって、大隈は一時失脚する。

しかし、これらの声を政府も無視し得ず、一八八一（明治十四）年になって一〇年後の国会開設を約《やく》した「国会開設の勅諭《ちょくゆ》」を発表すると、板垣や大隈によって政党が結成されていった。いっぽう、政府はそれらを抑《おさ》えるために集会条例、保安条例などを制定、両者の摩擦は高まった。

一八八九（明治二十二）年に大日本帝国憲法（以下、帝国憲法）が制定され、翌年に帝国議会開設のための第一回総選挙が行われたのである。

その間、さまざまな憲法試案（私擬《しぎ》憲法）が発表されたが、政府は一顧《いっこ》だにしなかった。伊藤博文らは一八八二（明治十五）年、政府の命《めい》を受けて渡欧し、ベルリン大学のグナイスト、ウィーン大学のシュタインらの意見を聞いて帰国した。天皇を戴《いただ》く日本としては、米英仏流の立憲民主政治よりもプロイセン流の立憲君主政治が手本として現実的である、と判断したのである。

伊藤は帰国すると「制度取調局」を設置、井上毅《いのうえこわし》、伊東巳代治《いとうみよじ》、金子堅太郎《かねこけんたろう》らと精力的に憲法草案の作成に取りかかる。政府は立憲政治を始めるために、一八八五（明治十八）年には太政官《だじょうかん》制度を廃止して内閣制度を創設、伊藤博文が初代内閣総理大臣に就《つ》いた。

一八八七（明治二十）年に憲法草案ができあがり、一八八八（明治二十一）年に創設された枢密院《すうみついん》（後述）でも審議され、一八八九（明治二十二）年に天皇の名《な》の下《もと》に発布された。同時に、議院法、貴族院令、衆議院議員選挙法、会計法なども公布されている。

知識人も大衆もこれを歓迎、提灯《ちょうちん》行列も出て、お祭り騒ぎであったという。しかし、市民革命や産業革命を国民自《みずか》らが体得してできた憲法ではなく、〝お仕着《しき》せ〟の憲法であったので、福沢諭吉《ふくざわゆきち》らはその後の運用の困難を予想せざるを得なかった。

帝国憲法における規定

帝国憲法では、第三章の第三十三〜五十四条の二二カ条にもにわたって、帝国議会が規定されていた。

それによれば、議会は衆議院・貴族院の両院によって構成され、衆議院に予算の先議権《せんぎけん》がある以外は、両院は対等とされた。通常会期は三カ月間、これは現在の国会の法定会期一五〇日間と比べてもかなり短い。年一回、十一月から三月にかけて開かれたが、必要に応じて特別会期、臨時会期の議会も開かれた。会議の種類も機能別に分かれ、本会議のほかに常任委員会（予算委員会、懲罰委員会、請願委員会、決算委員会）および、必要に応じて特別委員会が設けられた。

貴族院議員は選挙を介《かい》さない公定選出であり、一八歳以上の皇族議員、三〇歳以上の華族議員、三〇歳以上の勅任《ちょくにん》議員（功労者、学識者、多額納税者）で構成された。解散はなく、議員の多くが終身任期であった。

衆議院議員は選挙によって選出された。その要件は「衆議院議員選挙法」に規定され、選挙権は直接国税一五円以上を納税する二五歳以上の士族か平民男子（日本の全人口約四〇〇〇万人のうち四五万人）、被選挙権は三〇歳以上の士族か平民男子に与えられた。選挙権が得られる納税額は次第に下げられた結果、第一回選挙では二五歳以上の男子の八パーセントにしか該当《がいとう》しなかったが、一九二五（大正十四）年に納税要件が撤廃され、ようやく二五歳以上の男子全員に与えられた。ちなみに、最初は小選挙区制（一人区二一四名、二人区四三名）だった。

政府は首相以下の閣僚で構成されたが、驚くべきことに、帝国憲法には内閣に関する規定は次の一カ条しかなく、首相と閣僚をどう選ぶかについてはいっさい規定がない。

第四章　国務大臣および枢密顧問

第五十五条　国務各大臣は天皇を輔弼《ほひつ》［天皇の大権行使に際して助言すること］しその責に任ず。

二、すべて法律勅令《ちょくれい》その他国務に関《かかわ》る詔勅《しょうちょく》は国務大臣の副署を要《よう》す。

※［］内は筆者注、以下同じ。

最初は元老《げんろう》（後述）が中心になって首相や各大臣を決めていたが、その後、昭和に入ると、専横《せんおう》を強めた軍部の意向で首相が選ばれることが多くなった。閣僚の選考は首相に任せるが、陸相・海相の選定権は実質上、陸海軍が握っていたのだ。

この選定権はどんどん強まり、ほかから陸相・海相候補者が挙がっても、陸海軍が拒否権を持つまでになってしまった。陸相・海相抜きでは内閣が成立しないため、結局、陸海軍が内閣成立の生殺与奪《せいさつよだつ》の権利を握ることとなった。

ちなみに、戦後の日本国憲法下では、内閣について次のように規定されている。

第五章　内閣
第六十七条　内閣総理大臣は、国会議員の中から国会の議決で、これを指名する。
第六十八条　内閣総理大臣は、国務大臣を任命する。ただし、その過半数は、国会議員の中から選ばれなければならない。

これによって、実質的に衆議院第一党の党首が首相になり、彼が閣僚を指名するという仕組みになっている。
枢密院とは国王に対する政治的諮問《しもん》機関で、中国の歴代王朝、イギリス、ロシア、タイなどで設けられたが、立憲民主制のフランスやアメリカには存在しない組織である。
日本では、帝国憲法発布や帝国議会開設の一年前の一八八八（明治二十一）年に枢密院が設けられたが、これは帝国憲法草案の審議を行うためであった。初代議長は伊藤博文。以降、枢密院は政党政治の時代にも隠然たる力を有したが、満州事変以降、軍部の力が強まると、その影響力は徐々に低下した。帝国憲法では、次のように規定されていた。

第四章　国務大臣および枢密顧問
第五十六条　枢密顧問は枢密院官制の定《さだ》むるところにより天皇の諮詢《しじゅん》に応《こた》え重要の国務を審議す。

枢密院が政府や帝国議会を超越する力を持っているように見えるが、枢密院官制によってさまざまな制約があり、「枢密院は天皇の最高諮問機関であるが、直接行政には指示できない」と規定されていた。しかし、組織の影響力はメンバーによって流動する。伊藤博文、山県有朋《やまがたありとも》、西園寺公望《さいおんじきんもち》、寺島宗則《てらしまむねのり》、副島種臣らが議長や顧問官に就《つ》いていた頃は、その意向はけっして無視できないものであった。

元老とは組織ではなく個人を指し、枢密院以上に政治に大きな影響をおよぼした。帝国憲法には規定はないが、明治天皇が自分を〝担《かつ》いでくれた〟維新の元勲《げんくん》たちに国政の重要事項を相談する趣旨により、勅命《ちょくめい》で指名された者たちを指す。その後も勅命によってメンバーは補充された結果、図表1の九人となった。

維新の功労者である薩摩藩《さつまはん》・長州《ちょうしゅう》藩出身者は一九二四（大正十三）年の松方正義《まつかたまさよし》の死去で絶え、その後は公家《くげ》出身の西園寺公望が長命であったこともあり、約二〇年間一人でこの任にあたった。彼らは首相の推薦には大きく関与したし、重要な国家意思の決定に影響力を持つこととなった。

意気軒昂《いきけんこう》な議員たち

一八九〇（明治二十三）年の第一回衆議院議員選挙の投票率は何と九四パーセント！立候補者数一二四三名から、三〇〇名が当選した。彼らの職業は、大地主や養蚕《ようさん》業者など農村の富裕層出身者が多く、主産業が農業で他産業が未発達な時代を象徴している。

図表1　元老

	出身	元老受命	生没年
伊藤博文	長州藩	1889（明治22）年	1841（天保12）～1909（明治42）年
黒田清隆	薩摩藩	1889（明治22）年	1840（天保11）～1900（明治33）年
山県有朋	長州藩	1891（明治24）年	1838（天保９）～1922（大正11）年
西郷従道	薩摩藩	1892（明治25）年頃	1843（天保14）～1902（明治35）年
松方正義	薩摩藩	1898（明治31）年	1835（天保６）～1924（大正13）年
井上　馨	長州藩	1904（明治37）年	1836（天保６）～1915（大正４）年
大山　巌	薩摩藩	1912（大正１）年	1842（天保13）～1916（大正５）年
桂　太郎	長州藩	1912（大正１）年	1848（弘化４）～1913（大正２）年
西園寺公望	公家	1912（大正１）年	1849（嘉永２）～1940（昭和15）年

当選議員の大半はすでに政党に属しており、政府主導の吏党《りとう》（大成会《たいせいかい》、国民自由党）所属が八四名、民間主導の民党《みんとう》（立憲自由党、立憲改進党）所属が一七一名、無所属が四五名の計三〇〇名であった。

では、晴れて衆議院議員に当選した人々はどんな人たちだったのか。

まずは選挙前から名《な》が売れていた自由民権運動出身者たちである。彼らは「ぜひうちの選挙区から」と選挙区に呼び込まれることさえあった。立憲自由党の板垣退助、林有造《はやしゆうぞう》、片岡健吉《かたおかけんきち》、大井憲太郎《おおいけんたろう》、河野広中《こうのひろなか》、星亨《ほしとおる》、立憲改進党の大隈重信、矢野龍渓《やのりゅうけい》、島田三郎《しまださぶろう》、犬養毅《いぬかいつよし》、尾崎行雄《おざきゆきお》らが該当し、議員となってからも幅《はば》を利《き》かせた。

衆議院に初登院した「憲政の神様」尾崎行雄は、議員仲間を見た第一印象を「さすがに多くは地方の名望家であって、抜群ではないが、立派な人品《じんぴん》の人たちであった」と、後年回顧《かいこ》している。

当時、代議士（衆議院議員）の報酬は大したことはなく、何度も当選するうちに家産《かさん》を傾《かたむ》けた地方の名望家もいたという。前述のように、著名ならば選挙資金はほとんどかからなかったが、無名だったり、選挙区内の競争が激しかったりすると、一〇〇〇円以上（現在の貨幣価値で約五〇〇万円）かかったと言われている。

議員のステイタスは現在ほど高くなく、当時、高級官僚、弁護士、医師のほうが上とされた。さらに、現在のような完全な議会政治体制ではないために、衆議院議員から大臣になる可能性はずっと低かった。

このように、議員の人気はけっして高くはなかったが、平民出身でも国政に関与できるため、積極的な人材が多く、当選議員は意気軒昂であった。その後、議員のステイタスは上がり、その出身層も時代と共に変わり、プロの政治家にふさわしい人物が増えていった。

勅語《ちょくご》騒動

どんな議会でも議長を選出しなければ、議事運営ができない。帝国議会でも第一回会期に先立ち、貴族院は伊藤博文議長、東久世通禧《ひがしくぜみちとみ》副議長が勅任され、衆議院は中島信行《なかじまのぶゆき》議長、副議長に津田真道《つだまみち》が選ばれた。

一八九〇（明治二十三）年十一月二十九日、第一回帝国議会が開かれた（写真1）。まだ慣行がなく、何事も不慣れで、政府も議員たちも右往左往したようだが、無理もなかろう。まず天皇より「朕《ちん》衆議院の深厚《しんこう》なる敬礼を嘉《よみ》す」との勅語があり、それに対して議会はどう対応するか（奉答文《ほうとうぶん》）が議題となった。勅語と奉答文については、帝国憲法にも議院法にも規定はないため、侃々諤々《かんかんがくがく》となった。

●第一回衆議院本会議　一八九〇（明治二十三）年十一月二十九日

中島信行議長　諸君に申します。勅語に対し書をもって奉答すべきや否《いな》やおたずね申す。

河島醇《かわしまじゅん》議員（二五九番）　私は勅語に対して奉答するの必要はないと思います。われわれは即《そく》公平慎重［を］もって審議協賛の職務を執行するが至当《しとう》でありまして、あえて言《げん》を飾《かざ》って奉答するの必要はないと思います。……これらは将来の儀例《ぎれい》にも相《あい》なることでありますから、言語をもって奉答せずして謹《つつし》んで勅語の精神を奉《ほう》じ、議員たるの職務を尽《つ》くすが必要であります。
安田愉逸議員（二〇八番）　本員《ほんいん》は討論を用《もち》いて決《けつ》したい。……これを議《ぎ》するということは、もっとも議場の問題に対して、われわれがしなければならぬことと思います。（「決々《けつけつ》」と呼ぶ議員多し。また発言を求むる議員八、九名あり）
中島議長　……討論を用いずして決を採るというが多数のようでござんすから、……決を採ります。勅語に対して奉答すべしという諸君は起立。（起立大多数）
鳥海時雨郎《とりのうみじゆうろう》議員（一四五番）　……奉答することにすれば議長閣下より奉答なさるが至当だろうと考えます。
大岡育造《おおおかいくぞう》議員（一八五番）　奉答をいたすに決した以上は委員を選んで起草させることにいたしたい。
青山庄兵衛《あおやましようべえ》議員（二七八番）　……討論するは無用と思います。もっとも笑うべき議論は委員を選んで、よくこの方の意思を挙げて、どうで、こうで、と言うのは、実に笑うべき議論と言わなければなりませぬ。いったい奉答は一回の礼式にすぎない。しかるに委員を選んでこれを調査させてこれを討論にかけて奉答するのは、暇《ひま》のある時でなければならぬから、このことについては討論しないほうがよろしい。議長においい

写真1　帝国議会議事堂

第1回帝国議会が開かれた仮議事堂(上)と衆議院議場(下)。会期中の1891(明治24)年1月20日に焼失

て礼式にすぎないからお取《と》り計《はか》らいになるがよろしい。ことにこういうことについて議論をするは好まぬ。

中島議長　……起草委員にすべてのことを任《まか》すという説と、起草委員の起草したるものについて、さらに表決《ひょうけつ》するという説があるから、……ぜひ決しておかなければならぬと議長は考える。起草委員に任せるという諸君は起立。（書記官、起立の数を計算す）起立者一五八名。

中島議長　多数決。

争点は、奉答の要否、口頭あるいは文書か、奉答文の作成方法、奉答文作成委員会設置の要否、委員の選出方法、文案を委員会に一任するか、それを議会で論議するか……と多々《たた》あり、議論百出したのだ。内心「多忙な議会でこんな儀礼についてばかばかしい……」と思っていた議員も多かったようで、ストレートに言う議員もあれば、控え目な議員もいた。

それでも、中島信行議長は実に手際よく議論を誘導、採決し、結局九名の「委員を選出して文案は一任する」ことで収まった。

議題の軽重はともかく、帝国議会では最初から自由闊達《かったつ》な論議があったのだ。明治初期は天皇の存在感は必ずしも強くなく、それは明治後期から高まり、昭和戦前に絶頂に達したという変遷を垣間《かいま》見る思いがする。

このように、天皇からの勅語は最初は簡単なものだったが、昭和に入った第五十二回会期から重々《おもおも》しく、また具体的な政策指示書的な文章に転化していった。それにともない、奉答文も仰々《ぎょうぎょう》しくなった結果、帝国議会の初日はこの勅語と奉答文を議長が読み上げるだけの議事日程になってしまったのである。

質問制度

帝国議会議事録の紙面の過半は、細《こま》かい法案の条文で占《し》められており、これらは読んでいても実務的で、まったく面白くない。帝国議会は立法府であることを考えれば、これはしかたがない。

帝国憲法では、第五条「天皇は帝国議会の協賛をもって立法権を行う」とあるが、第三十七条「すべて法律は帝国議会の協賛を経《ふ》るを要す」と書かれている。しかし、実際は帝国議会が立法を行い、天皇が立法したことは皆無である。

帝国議会で論議される法案は、政府提出法案（内閣提出法案、閣法《かくほう》）と議員発議（議員立法）の両方があった。これは、現在の国会と同じである。実際にどれだけの法案が提出され、成立したか、その総数を見てみよう（図表2）。

法案提出件数は政府提出も議員発議も拮抗《きっこう》しているが、成立数は政府提出のほうがはるかに多い。これだけの法案が審議されたのであるから、逐条《ちくじょう》の法文案が議事録の過半を占めるのは無理もない。本書において注目するのは、法文案記載部分ではなく、政府対議員、議員対議員の論戦部分である。特に、政府の説明に対する議員の鋭《するど》い質問論議が中心となる。

ついては、帝国議会の質問制度について述べておきたい。質問制度とは、政府議案について議員から政府へ質問することである。これは伊藤博文、井上毅らが論議し、さらにプロシア出身の法律顧問・ロエスレルおよびモッセの意見も徴《ちょう》する形で検討された。

プロシアに滞在中、民意の拡大を抑えることの重要性を説かれていた伊藤は、議会における政府の主導権をできるだけ強めたかった。伊藤は「イギリス議会では質問が議事の進行を妨《さまた》げている」と指摘。それに則《のっと》って、政府側は、議員の質問権の削除、あるいは質問は討論ではなく書面のみ……と主張した。しかし、井上やロエスレルたちは反対、結局、議院法や衆議院規則において、次のようになった。

○議員の質問には三〇名以上の賛成議員が連署した「質問主意書」が必要で、議長を通じて、政府に渡す。

○政府の答弁方法は大臣の判断にて、口頭答弁、書面答弁、不答弁（ただし理由を付す必要あり）から三者択一できる。

○その政府答弁に対して、建議の動議を出すことができる。ただし、その場で口頭での反応はできない。

しかし、各政党はこれを不服として、第一回の衆議院本会議で激しく論議された。

●第一回衆議院本会議　明治二十四（一八九一）年三月五日

高梨《たかなし》哲《てつ》四郎《しろう》議員　……質問主意書を出しておいたる尾去沢《おさりざわ》鉱山にかの市《いち》の川《かわ》アンチモニー鉱山のことであります。これに対して当該《とうがい》大

図表2　帝国議会で審議された法案

	政府提出	議員発議	合計
提出件数	3421件	2977件	6398件
成立件数	2856件	280件	3136件
成立率	83%	9%	49%

臣は去る二十七日をもって簡単なる答弁書を送られました。……政府は当議院の規則上の賛成を得て出した質問に対しては、その当該大臣の了簡《りようけん》次第で説明し、あるいは答弁を出すということの、勝手次第のことが、できるものかできぬものであるかということだが、私は断じてできないと思う。……私の決議案はこの通りである。「議院法第四十八条により提出する議員の質問に対し書面をもって答弁するは当衆議院の不満足に思うところとす」（笑い声起こる）

中島信行議長　高梨君の緊急動議に賛成の諸君は起立。

（起立者多数）

中島議長　多数。

高梨は当該大臣から簡単な答弁書を受け取っているが、議員側からすれば、政府答弁は書面より口頭のほうがわかりやすいし、簡単より懇切のほうがよい。

質問制度についてはその後も、議員法の改正など、議員側からの働きかけは旺盛で、第十回会期（一八九六年十二月～一八九七年三月）まで続いた。その結果、衆議院の質問制度はかなり民主的な運営になっていった。

ところが、昭和十年代になると議員側の質問を政府側が受け付けなくなり、一九三七（昭和十二）年の日中戦争以降はめっきり減り、一九四一（昭和十六）年の太平洋戦争勃発《ぼっぱつ》と同時に質問は皆無となり、終戦を迎えた。

帝国議会の論議の面白さは、議員側の質問主意書↓政府側の口頭答弁または書面答弁↓議員側の口頭再質問↓政府側の再答弁……という一連の流れであり、本書で引用しているのは、そのなかでも白眉《はくび》と思われる部分である。

明治のマイナンバー

次に、「速記録の完備」「傍聴の公開」について。これは実務的であるが、議会を公平・透明なものにするには不可欠な要素である。当時、国民が触《ふ》れられるマスコミは新聞しかなく、新聞記者が議会を傍聴して翌日の新聞に書くことは、国民にとっても、議員たちにとっても重要であった。自分たちの名前や意見が世間に浸透する効果は、現在と等しく大歓迎された。

次に紹介するのは、議員を番号で呼ぶか否《いな》かを議論したものである。

●第一回衆議院本会議　一八九〇（明治二十三）年十二月二日

中島信行議長　議員諸君にご報告申します。速記録は……なるべく速《すみ》やかに官報《かんぽう》に掲載することにいたします。官報付録を官報と共に各議員に配布いたします。官報局へ原稿を写し廻付《かいふ》するとき、なるべく同時に新聞社総代に下付いたします。……今日は番号をもって点呼いたしまするから、さようご承知あらんことを、……

大江卓《おおえたく》議員（一五七番）　本員は姓名がある以上はどうぞ番号でお呼びくだされざるように願います。

安田愉逸議員（二〇八番）　私は番号で差《さ》し支《つか》えないと考える。……

中島議長　番号で差し支えないという説もあり、ぜひ氏名を呼べという説もありますから決を採ります。番号で差し支えないという者は起立。（起立者多数）

中島議長　多数でございますからその通りに決します。

このように、一部の議員から抵抗があった「議員のマイナンバー」は、議事録上では第二十一回会期（一九〇四年十一月～一九〇五年二月）まで使われたが、第二十二回会期（一九〇五年十二月～一九〇六年三月）からは発見できない。それが偶然かは判別しないが、日露戦勝を機に廃止された結果となっている。

以上が、衆議院のテイクオフの光景であった。

いっぽう、貴族院の本会議は、衆議院より一日遅い一八九〇（明治二十三）年十二月四日に、衆議院のような晴れがましい大騒ぎはまったくなく粛々《しゅくしゅく》と開かれた。ちなみに、初日に「弁護士法」、二日目に「度量衡法《どりようこう》」という政府提出の実務的な法案審議が始まっていた。

2 足尾《あしお》鉱毒事件

公害第一号

足尾銅山は江戸時代前期に開発された、わが国屈指の銅山だったが、その後次第に産出量が低下、幕末にはほとんど閉山状態になっていた。ところが、一八七七（明治十）年に古河市兵衛《ふるかわいちべえ》が買収後、一八八五（明治十八）年に大鉱脈が発見され、年間数千トンを産出する東洋一の大銅山になった。

しかし、排煙、廃ガス、排水、酸性雨《さんせいう》などによる鉱害が、さまざまな形で現れた。付近では山林の荒廃、洪水、渡良瀬川《わたらせがわ》における鮎《あゆ》の大量死、稲の立ち枯れ、さらには住民の人体にも多くの病状が発生した。異変に気づいた新聞は一八八五（明治十八）年頃より、この原因は足尾銅山にありそうだと書き始める。その後、河川における鉱害は、渡良瀬川につながる江戸川《えど》、利根川《とね》、霞ヶ浦《かすみがうら》流域にまで広がった。

この足尾鉱毒事件を真《ま》っ先《さき》に正面から取り上げたのが、田中正造《たなかしょうぞう》（一八四一〜一九一三年、写真2）である。田中は栃木の小中村《こなか》（現・佐野市《さの》）の小規模な名主《なぬし》の家に生まれ、地方官吏や酒屋の番頭など経《へ》て、「栃木新聞（現・下野新聞）」編集長になり、国会の早期設立を訴えた。

その後、栃木県会議員、県会議長を務めたあと、一八九〇（明治二十三）年に待望の第一回衆議院議員総選挙に当選、さっそく奔放に政治活動を始めた。早くも第二回の衆議院本会議で、足尾鉱毒事件の口火《くちび》を切る。

写真2 田中正造

明治天皇への直訴は和礼装だった

●第二回衆議院本会議　一八九一（明治二十四）年十二月二十四日

田中正造議員　農商務［省］には、この先に質問書を出しておきましたが、足尾銅山のことについて――まだ七日になりましてもご答弁がない。……議院法にはただちに答弁をする、ただちに答弁ができなければ、できない理由を明示するということがありますが、……

陸奥宗光《むつむねみつ》農商務大臣　ただいま田中君のご質問がございましたが、……その返答はいつでもするつもりで、すなわち今日も書類を持っている、……あるいは明日でも答弁をいたします。……

議院法に則《のっと》って質問書を政府に提出してあったのに、政府の回答が遅いと嚙《か》みついたところ、担当大臣・陸奥宗光の答弁はしどろもどろであった。しびれを切らした田中正造は、その後の会期においても粘《ねば》り強く訴え続ける。

●第三回衆議院本会議　一八九二（明治二十五）年五月二十四日

星亨議長　これより報道いたします。

水野《みずの》遵《たかし》書記官長　（「田中正造君より足尾銅山鉱毒加害の儀《ぎ》につき質問」を朗読）……足尾銅山は近年《きんねん》工業の盛大《せいだい》をいたし同山より流出する鉱毒は群馬栃木両県の間を通ずる渡良瀬川沿岸七郡二十八カ村にまたがり巨万の損害を被《こうむ》らしめ、なお毒気は年を追っていよいよその度を加え……多年《たねん》行政処分の緩慢に失《しっ》したるがためならずんばあらず……第二回議会において右に関する質問書を提出したるに農商務大臣は……書面をもって答弁したり。しこうしてその答弁書中「その被害の原因については未だ確実なる試験の成績にもとづける定論のあるにあらず」云々《うんぬん》とあり、しかれども……栃木県において出版したる渡良瀬川沿岸被害原因調査に関する農科大学の報告中には……足尾銅山鉱毒の有害なるはすでに世人《せじん》の認むるところなり。加えるに今またこの学術的試験の成績あり、被害の原因すでに顕然《けんぜん》たりと言うべし。……政府はなおこれを傍観《ぼうかん》座視し、その処置を緩慢に付し去る理由いかん、既往《きおう》の損害に対する処分いかん。右議院法第四十八条に拠《よ》りさらに質問す。国務大臣は議院に出席して必ず明答あらんことを望む。

明治二十五年五月二十三日　質問者・田中正造㊞、賛成者・浅香克孝《あさかこくこう》ほか三十名

この質問に対して、約半月後に政府は書面答弁をしている。

●第三回衆議院本会議　一八九二（明治二十五）年六月十一日

星亨議長　これより報道をいたします。

水野書記官長　（「衆議院議員田中正造提出足尾銅山鉱毒加害の件につき質問に対する答弁書」を朗読）足尾銅山より流出する鉱毒の群馬および栃木両県下にまたがる渡良瀬川沿岸耕地《こうち》被害の一原因たることは試験の結果によりてこれを認めたり。しかれどもこの被害たる公共の安寧《あんねい》を危殆《きたい》ならしむるがごとき性質を有《ゆう》するものにあらざるのみならず、かつその損害たる足尾銅山の鉱業を停止せしむべきの程度にあらざるをもって……鉱業の特許を取り消すべき限りにあらず。その既往の損害のごときに至っては行政官はこれに対し何らの処分をなすの職権を有せざるものとす。もっともこのごとき被害を将来に防止せんため鉱業人は……目下《もっか》起工の準備中なり。ゆえに将来植物の生《せい》長《ちょう》を害するがごとき多量の鉱物を流出することなきものと認む。……

明治二十五年六月十日　農商務大臣河野《こうの》敏鎌《とがま》印

第二回会期では「はっきりした因果関係なし」としていたものが、第三回会期では「因果関係は多少認めたものの、損害補償は不要で、ただ将来の防止策が鉱山によって採られたから、それ以上は何もできない」と、政府のスタンスはほんのすこし改善しているだけである。

その後も、田中は鉱害の正式認定と補償を求めて帝国議会で奮戦するが、状況は改善されなかった。

業《ごう》を煮《に》やした被害地の農民は一八九七（明治三十）年に大挙上京《たいきょじょう》、陳情（当時の言葉では「押《お》し出《だ》し」）を行った。世論の同情も高まり、同年三月、政府はようやく「足尾銅山鉱毒調査委員会」を設け、古河側に排水の濾過《ろか》・沈殿《ちんでん》、堆積《たいせき》場の設置、煙突の脱硫《だつりゅう》装置の設置を命じた。さらに、被害農民に対して免税措置を講《こう》じたが、この程度では不十分で、鉱毒被害は存続した。

一九〇一（明治三十四）年十二月十日、日比谷《ひびや》で田中はついに明治天皇に直訴《じきそ》を試《こころ》みる。たちまち警官に取り押さえられ、失敗に終わったが、新聞の号外も出て、東京市中は大騒ぎとなった。その結果、世論は盛り上がり、政府も軽視できなくなって対策が講じられた結果、一九二七（昭和二）年頃にようやく被害は減少した。

足尾鉱毒事件は、日本の公害事件の第一号として、田中正造の名と共に有名である。

四大公害病

それでは、その後の日本でどのような公害事件があったか、主なものを一覧にしてみた

（図表3）。これらのなかで水俣病《みなまた》、四日市《よっかいち》公害、第二水俣病（阿賀野川《あがのがわ》）、イタイイタイ病（神通川《じんつう》）が「日本の四大公害病」と呼ばれている。この四つに絞《しぼ》り、戦後の国会でいつ頃からどれくらい取り上げられたかを見てみよう（図表4）。

これは、特定の検索用語（第二水俣病＝新潟水俣病＝阿賀野川公害＝昭和電工公害……など の言葉で各々《おのおの》検索して一番引っ掛かりの多い用語）が、衆参両院の本会議・各種委員会の全会期を対象にした議事録中に何回出て来るかを調べたものだ。

この数字は、国会において問題にされた度合いを象徴しているが、いかに多く取り上げられているかがわかる。また、その時期を見ると、昭和三十年代を中心にして昭和四十年代前半までとなっており、経済成長・産業発展のつけが回ってきたこともわかる。

公害問題の戦前と戦後

では、昭和四十年代の国会議事録をご紹介しよう。日本社会党（以下、社会党）の千葉《ちば》千代世《ちよせ》代議士の質問に、佐藤栄作《さとうえいさく》首相と大平正芳《おおひらまさよし》通産相という二人のビッグネームが答弁している。

図表3 日本の公害事件

	発生	原因	被害
足尾銅山鉱毒	1878(明治11)年	足尾銅山の煤煙、排ガス、排水	病弊、農業・漁業被害
浅野セメント降灰	1883(明治16)年	深川工場煙突からセメント粉末飛散	内臓疾患
別子銅山煙害	1893(明治26)年	別子銅山の煤煙	農業被害
イタイイタイ病	1922(大正11)年	三井金属工場から神通川にカドミウム流出	病弊、農業被害
東邦亜鉛煙害	1937(昭和12)年	安中製錬所から農作地にカドミウム流出	農業・漁業・養蚕被害
水俣病	1956(昭和31)年	チッソ水俣工場から有機水銀流出	しびれ、運動・言語障害
四日市公害	1961(昭和36)年	四日市石油コンビナートの煤煙、排水	ぜん息、肺疾患、漁業被害
第二水俣病	1965(昭和40)年	昭和電工工場から阿賀野川に有機水銀流出	しびれ、運動・言語障害
カネミ油症	1968(昭和43)年	食用油にＰＣＢが混入	発疹、発熱、新生児病幣
川崎公害	1982(昭和57)年	川崎コンビナートの煤煙	ぜん息、肺疾患

図表4 四大公害病の国会審議

	審議件数	その初回時期
水俣病	1760件	1957(昭和32)年９月12日
四日市公害	77件	1964(昭和39)年１月26日
第二水俣病	43件	1967(昭和42)年４月27日
イタイイタイ病	725件	1967(昭和42)年６月９日

●第六十一回参議院本会議　一九六九（昭和四十四）年四月十四日

千葉千代世議員　私は、日本社会党を代表して、……質問いたします。昭和三十年以降の高度成長は、物価のとめどもない上昇や、公害、交通事故、住宅難など、いわゆる新しい貧困の問題を生み出しました。とりわけ、無計画な設備投資と都市づくりのない結果としての産業公害、都市公害は、基地公害をも含めて、未だかつて経験したことのない被害を国民に与えています。富山県のイタイイタイ病、新潟県阿賀野川の水銀中毒、熊本県における水俣病による悲惨な状態、四日市《よっかいち》、京浜《けいひん》、京葉《けいよう》、阪神《はんしん》、北九州など工業地帯における亜硫酸《ありゅうさん》ガス、東京その他の全国的な自動車排気ガスなどによる公害病は、国民の生命と健康を毎日毎日むしばんでおります。……公害を有効に防止するためには、総設備投資に対する公害防止設備投資の比率を三パーセントまで高めることが最低線とされております。欧米の諸国では五パーセント、カナダではすでに九パーセントに達していると聞いております。これらに比べてわが国においては……わずかに一・七パーセントにすぎないのであります。……政府は、今後企業の公害防止施設の設備投資を強力に指導し、脱硫装置の完備をはかると共に、また輸入原油に対し、現地脱硫の方法などを考えておりますかどうですか。さらにいっぽう、公害救済医療費に対する事業者拠出分を大幅に増やすように考えておりますか、ご答弁願いたいと思います。……

佐藤栄作総理大臣　……〔石油燃料については〕脱硫装置や低硫黄《ていいおう》の石油を使うとか、等々《とうとう》の問題があろうかと思います。……現実の公害、とりわけ大気汚染等につきましては、……原因者の特定が困難な場合が多く、また、企業活動と被害の発生との間の因果関係の立証が困難な場合が非常に多いのであります。……したがいまして、科学的、技術的に公害の原因が特定できる場合におきましては、当然にその企業の責任は明確に追及さるべきものであって、政府がこれをうやむやにするというようなことは毛頭《もうとう》考えておりません。……

大平正芳通産大臣　……目下四千ばかりの公害型企業の設備投資を調査いたしておりまして、……近く発表の段取《だんど》りになると思っております。……工業技術院におきましても、この開発をやりまして、すでに脱硫技術は完成いたしまして、実行に移しております。……公害設備投資の促進をこのうえとも努力してまいるつもりでございます。……

未だ公害対策初期であり、公害対策技術も幼稚な時代であった。企業のコストとして公害防止設備投資の充実が叫ばれている点が重要であるが、工場運転と公害との因果関係が曖昧《あいまい》でもあった。しかし、さすがに時代の要請で、戦後は公害立法、公害行政、公害司法という三権のすべての領域で、対策がはかられるようになったことも事実である。

国会で審議・成立される立法面では、一九六七（昭和四十二）年の公害対策基本法、一九七三（昭和四十八）年の公害健康被害補償法、一九九三（平成五）年の環境基本法、二〇〇〇（平成十二）年の循環型社会形成推進基本法など国レベルだけでなく、地方レベルでも各種公害防止条例が次第に整備されていった。

行政面では一九七一（昭和四十六）年に設立された環境庁は二〇〇一（平成十三）年に環境省に格上げされ、そこでは環境基準、排出基準を定めて監視している。

司法面では公害の直接被害者たち自身が訴訟を起こし、いずれも原告側の勝訴になっている。ただ、公害発生から裁判結審までに長年月《ちようねんげつ》を要することは避けられない。

水俣病を例に取れば、最初の公害の指摘が一九五六（昭和三十一）年だったが、患者一一二人が共同提訴したのは一九六九（昭和四十四）年、勝訴したのは一九七三（昭和四十八）年と、発生から一七年もかかっている。これにより、ようやくチッソからの賠償金支払いがあり、国も被害者認定が遅れたことを認めた。

一連の公害事件を俯瞰《ふかん》すると、公害の発生源は例外なく大メーカーの大工場であるのに対して、被害者は農林水産業者ないし一般市民である。明治以降、産業立国を目指してきた日本政府は、産業保護として大メーカーのコストアップを抑え、競争力を支援しようという力学が働いてしまったのだろう。

こうして見てくると、田中正造を先頭に帝国議会で奮戦した足尾鉱毒事件は、まさに日本の公害問題の草分《くさわ》け、火つけ役であったことがわかる。

3 日清戦争

伊藤博文が朗読した書簡

一八五三（嘉永《かえい》六）年の開国以来、日本は欧米列強を警戒してきたが、当面の外交課題は近隣にあった。日本としては、なかなか門戸《もんこ》を開かない隣国・朝鮮とは正式な国交を樹立して、できればわが勢力を浸透させたかった。しかし、朝鮮は歴史的に清《しん》国の従属下にあったし、大国ロシアも南下政策のくさびとして眈々《たんたん》と狙っていた。これは日本にとって脇腹《わきばら》に短刀を突きつけられているようなものだ。

そのようななか、朝鮮で国内紛争が起きる（甲申《こうしん》事変）。しかし日本も清国も事《こと》を荒立てることを好まず、一八八五（明治十八）年に伊藤博文（写真3）と李鴻章《りこうしょう》との間で天津《てんしん》条約が結ばれた。朝鮮より両国軍は撤退し、今後派兵する際は事前に通告し合うことなどが約されたのだ。

日清戦争開戦直前の帝国議会を見ると、政府の慎重な姿勢に対して、むしろ議員のほうから積極的攻勢論が噴出していた。まずは、自由民権運動で活躍し、尾崎行雄と共に「憲政の神様」と呼ばれた犬養毅の政府攻撃から見てみよう。

●第六回衆議院本会議　一八九四（明治二十七）年五月十八日

犬養毅議員　……世界諸国の強大な国に向かって、わが柔弱《にゆうじやく》な懦弱《だじやく》な政略を取っておるということは驚くに足《た》らぬ。世界でもっとも優柔《ゆうじゆう》なる弱国であるところの朝鮮、もっとも弱い支那《シナ》に対してどういうことをしておるか、諸君、今の藩閥内閣のもっとも元老と呼んでおる現内閣総理が天津条約を結んで、その墨《すみ》の未だ乾《かわ》かぬ間に朝鮮に向かって支那はいかなることをしておるか。十七年の変、大院君《たいいんくん》の変、……金《きん》玉均《ぎよくきん》事件等ことごとく日本の顔に泥を塗られておりながら、これを拭《ぬぐ》うことをなさ

写真3 伊藤博文

旧千円札の肖像にもなった

ない。……

一八九四（明治二十七）年、朝鮮で民生改革と日欧の進出阻止を叫んだ農民運動（東学《とうがく》党《とう》の乱）が起きる。朝鮮政府はさっそく清国に出兵の要請をしたが、日本も至急出兵の準備をした。この緊急事態に六月二日、伊藤首相は衆議院を解散し、山県有朋、大山巌《おおやまいわお》などの閣僚および参謀総長らと協議した。

朝鮮からの出兵要請に対して清国側の李鴻章は慎重であったし、英国をはじめ列強も戦争回避の調停に出てきた。日清間の小競《こぜ》り合いが続く間、ぎりぎりまで日清間の交渉は続いたが、一八九四（明治二十七）年八月一日、ついに両国は宣戦布告し、日清戦争が始まった。

この間、日本の新聞は日朝清間の紛争と戦争が間近な情勢を伝え、国論もほとんどそれにしたがって一致団結しており、後述の日露戦争時における非戦論や反戦論も起きなかった。開戦後二ヵ月以上を経《へ》て、第七回臨時帝国議会が召集された。

●第七回貴族院本会議　一八九四（明治二十七）年十月十九日

伊藤博文総理大臣　諸君、この節の事件につきまして大体《だいたい》のご報道を申します。……朝鮮事変よりして延《ひい》て日清間の交戦となり……本大臣は、その奉ずるところの職務により日清両国間ついにこの時局を生《しょう》ずるに至りたるの顚末《てんまつ》を略述するの光栄を担《にな》う。……朝鮮われとわずかに一衣帯水《いちいたいすい》を隔《へだ》つその国の治乱盛衰《ちらんせいすい》われにおいて緊切の痛痒《つうよう》を感ずるもっとも深し。……その国情すでにこのごとく日に衰頽《すいたい》に赴《おもむ》くにあたり……日清協同事にしたがい天津条約の精神により、共に同一の地位に立ち隣邦《りんぽう》の孤弱を拯《すく》い、東洋の平和を維持するの責任を両国間に分《わ》かたんと欲《ほっ》す。しかるに清国はこれを顧念《こねん》することなく、いたずらに口実を求めてわれの提議を峻拒《しゅんきょ》したり。……本大臣はここにこの時局に関する両国間往復の公文を諸君の前に提出し、その顚末を見るの一端《いったん》に供《きょう》せんとす。……（日清間往復書簡朗読）

伊藤首相は、日清戦争開戦やむなきに至った日清間の交渉経緯を往復書簡朗読という実に明快・懇切な方法で開陳している。民主的ルールは尊重され、十分機能していたのである。

日清戦争は日本にとって近代になって最初の対外戦争であり、国運を賭《か》けた一大事であった。当時の「東京朝日新聞」全六面の紙面のうち、第一、二面が戦争報道に割《さ》かれていたことでも、それはわかる。

全国の新聞社六六社から計一二九名（従軍記者一一四名、画工一一名、写真師四名）の特派員が派遣され、彼らの記事は紙上を賑《にぎ》わせた。なかでも、「国民新聞」の記者・国木田《くにきだ》独歩《どっぽ》が「愛弟通信」と題して送った記事はわかりやすく、読者の人気を博《はく》した。

一八九四（明治二十七）年六月五日、戦争の総指揮を執《と》る大本営が東京に設置され、九月十三日には広島に移る。当時、本州では広島が鉄道の達している最西端で、朝鮮半島や大陸に向けて、船舶も同県宇品港《うじな》（現・広島港）から出帆した。天皇陛下も九月十五日から翌年五月三十日までの二二七日間、広島の大本営に滞在したが、これはきわめて異例のことだった。

戦争の進捗《しんちょく》は順調で一八九四（明治二十七）年の暮れには、勝利が見えてきた。第八回帝国議会は十二月二十四日から始まり、さっそく衆議院議長名で天皇陛下に対して感謝を込めた奉答文が満場一致で採択された。いっぽう、中村弥六《なかむらやろく》議員からは広島滞在の天皇や極寒《ごくかん》の地で戦う戦士に鑑《かんが》み、帝国議会も正月休みを返上しては、との意見が出された。

しかし、一月以降の議事はほとんど戦争と直接関係ない、多くの法案の審議に終始しており、この戦争が日本の死活《しかつ》を制する要素はあったにせよ、戦争の形態が後年の総力戦ではなく、局地戦争だったことがうかがえる。

本書では戦史そのものは眼目ではないので省《はぶ》くが、朝鮮、満州《まんしゅう》南端、黄海《こうかい》などを戦場にして、兵器と軍隊組織の近代化に一日《いちじつ》の長《ちょう》のあった日本の連勝により、一八九五（明治二十八）年三月に八カ月間で戦争は終結した。

汚職摘発第一号

戦争が終わると、戦時中の不正事件や戦後の状況に対して、厳しい質問が議員たちから上がった。それらは実に自由闊達に論議されており、後年との比較においてきわめて注目される。かの田中正造は、さっそく戦時中の汚職事件を追及している。

●第九回衆議院本会議　一八九五（明治二十八）年十二月二十九日

陸軍軍用品買入《かいいれ》および軍夫雇入《やといいれ》に関し経理部に対する質問主意書

……日清戦争における軍事買上品および軍夫雇入等に関し紛々《ふんぷん》として世評の聞くに忍《しの》びざるものあるは何ぞや。まことに慨嘆《がいたん》の至りに耐えず、ここに左の質問を提出す。幸《さいわ》いに明快の答弁あらんことを望む。

一、缶詰《かんづめ》類買上において価格の低きものよりすこしばかり買上げ、価格の貴《たか》きものより多額を買上げたる理由いかん。

…

一、軍夫雇夫に関し近衛《このえ》師団は軍夫小頭に金《きん》六十五銭を給《きゅう》したるに他の師団は金一円ずつを給し、その差金三十五銭を見るに至りたる理由いかん。

…

一、宇品港に出張中なりし軍用品検査官陸軍一等軍吏刈屋酉之助《かりやとりのすけ》なる者に対し本省より招還《しょうかん》の命《めい》を達せしに同人《どうじん》帰京の途次《とじ》汽車中において自殺せりとの説あるははたして信ぜらるるか。

提出者・田中正造〔ほか七名〕　賛成者・武富時敏《たけとみときとし》ほか三八名

このような日清戦争中の不正事件は新聞紙上を賑わせたが、夏目漱石《なつめそうせき》の小説『それから』にも登場している。それは、高等遊民《ゆうみん》たる主人公・岡田代助が友人・平岡から聞かされた日清戦争時の話で、軍の出入り業者である大倉組が肉牛の納入に不正を仕組んで見つかったというトピックスである。漱石は日清戦争についてほとんど書き残していないが、社会背景までよく観察し、承知していた証左でもある。

「すると平岡は、実業界の内状に関連するとでも思ったものか、何かの拍子に、ふと、日清戦争の当時、大倉組に起こった逸話《いつわ》を代助に吹聴した。その時、大倉組は広島で、軍隊用の食料品として、何百頭かの牛を陸軍に納《おさ》める筈《はず》になっていた。それを毎日何頭かずつ、納めて置いては、夜になると、そっと行って偸《ぬす》み出して来た。そうして、知らぬ顔をして、翌日同じ牛をまた納めた。役人は毎日々々同じ牛を何遍《なんべん》も買っていた。が仕舞《しまい》に気がついて、一遍《いっぺん》受取った牛には焼印《やきいん》を押した。ところがそれを知らずに、また偸み出した。のみならず、それを平気に翌日連れて行ったので、とうとう露見してしまったのだそうである。」（夏目漱石著『それから』）

「多くの議員の発言を求めます」

日清戦争の戦勝により、朝鮮半島には清国に代わり日本の勢力が浸透した。しかし、日本が中国より獲得した満州の南端・遼東《りょうとう》半島の租借権について、ロシアがドイツ・フランスを誘い、返還するよう求めてきた。いわゆる三国干渉である。当時の国際政治の力関係から一八九五（明治二十八）年五月、日本はこれにしたがった。

臥薪嘗胆《がしんしょうたん》の悲哀をまざまざと味わったが、これを不満とした政府非難の上奏案が帝国議会に上程された。

●第九回衆議員本会議　一八九六（明治二十九）年一月九日
楠本正隆《くすもとまさたか》議長　これより会議を開きまする。議題は議事日程第一上奏案を討論の問題といたしまする。さて議長は特に諸君へ注意を促《うなが》さざる得ませぬ場合となりました。該案《がいあん》は議員の提出としては本期重要なる国家の問題でござりまする。よっていっぽうには議場の言論の途《と》を明らかにし、いっぽうには賛否のその実《じつ》を宇内《うだい》に明らかにするというには必要の議案でござりまする［の］で、もっとも慎重に討議あって、なるべく多数の議員諸君が登壇をいたされて、その意を明《めい》にせらるるというのは議会の精神上において——神聖上においてもっとも必要と心得ます。しかるべくご承知を予《あらかじ》め請求いたします。（「異議なし」と呼ぶ者あり）上奏案の朗読をいたします。

上奏案　……陛下大纛《たいとう》［天皇の乗り物に立てる旗、大本営］を広島に駐《とど》めたまうこと二百有余日……将士《しようし》と労苦を分かちたまう。これにおいて挙国奮起して……大勲《たいくん》を奏《そう》せり。……それ奉天《ほうてん》半島は陛下の赤子《せきし》［国民］の流血伏屍《ふくし》をもって領有し得たるところなり。もし空《むな》しくこれを還付せば大軍を無用の地に進め、いたずらに人命を傷いたるの責《せき》を免《まぬかれ》るべからず。いわんや割取《かつしゅ》の大詔《たいしょう》［詔勅《しょうちょく》］煥発《かんぱつ》後、未だ二旬［二カ月］を経《へ》ざるに露独仏三国の干渉に逢《あ》いて、たちまち前の綸旨《りんじ》を抹殺し、もって還付を約《やく》するがごときは、ために帝室［皇室］の威信を傷《いためつ》け、ために国家の体面を汚《けが》すこと実に深大なる……。

提出者・田口卯吉《たぐちうきち》ほか一六名

楠本議長は、重要案件として多くの議員が登壇して意見を述べるよう促している。素朴ながらも純真な民主政治が垣間見られる。

日清戦勝の果実としては、遼東半島を返還しても、台湾の領有と二億両《テール》（当時の日本の国家予算の約四倍）の賠償金が入り、国家財政は大変助かった。

いっぽう、眠れる獅子・清国の弱体ぶりがはっきりすると、列強諸国はハゲタカのように、清国に租借地（港湾などに長期間無料で土地を借り受けること。鉄道の敷設運営権もあり、実質的な領土割譲）や利権を迫《せま》った。

日本はもっとも警戒するロシアの行動に敵愾心《てきがいしん》を燃やしたが、英独仏も同じような行動を取っていたのである。

4 日露戦争

潜在的脅威から顕在的脅威へ

日清戦争後の列強のふるまいに対し、なす術《すべ》もなくしたがう清国政府に憤《いきどお》った民衆は「義和団《ぎわだん》」という結社を作り、駐留する列強の軍民に対して反攻を開始した。そして山東《さんとう》省《しょう》でドイツ人宣教師が殺されると、ついに列強は兵士二万人による連合軍を結成、一九〇〇（明治三十三）年八月に北京《ペキン》に入場した。これが義和団事件あるいは北清《ほくしん》事変と呼ばれるものである。

清朝の西太后《せいたいごう》は北京を逃《のが》れ、連合軍はその後約一年間華北《かほく》を占領した。義和団の勢力が満州に移動したことはロシアにとって格好《かっこう》の口実となり、ロシア軍はほとんど満州全土を占領、そこに居座《いすわ》った。この事態に日本や他列強も反発したが、ロシア軍は一部撤退しただけでお茶を濁《にご》す。

日本にとって、ロシアは日清戦争以前から清国以上の潜在的脅威であったことは、一八九一（明治二十四）年の大津《おおつ》事件（訪日中のロシア皇太子ニコライが津田三蔵《つださんぞう》巡査により斬りつけられた）が象徴的だが、これが顕在的脅威に変わったのである。これでは、日清戦争で築いた朝鮮半島における日本の優位が失われてしまう。

日本は現実的に考えて、満州におけるロシアの優位と朝鮮における日本の優位をおたがいに認め合うという「満韓交換論」を提案した。しかし、ロシアはこれを拒否、今にも北朝鮮にも勢力をおよぼすという形勢になる。

さらに、一九〇一（明治三十四）年にはシベリア鉄道が開通（バイカル湖区間を除く。全線開通は一九〇四年）、モスクワから極東まで兵力や物資を迅速《じんそく》・大量に輸送できるようになった。しかも、全線ロシア領内を通る現行ルートではなく、チタ―ウラジオストック間は満州を東西に横切る東清《とうしん》鉄道ルートであったから、ロシアにとって満州を制圧する格好の体制が整《ととの》ったのである。

東京帝大教授の主戦論

危機感を募《つの》らせた日本では、対ロ主戦論と非戦論の両論が起こり、帝国議会内外で激しく争われた。まず、場外の主戦論からご紹介しよう。
それは、一九〇三（明治三十六）年六月十日付で、戸水寛人《とみずひろんど》ら七人の東京帝国大学教授から桂太郎《かつらたろう》首相、小村寿太郎《こむらじゅたろう》外相に意見書が提出され、全文が新聞に掲載された。対ロ強硬論を謳《うた》ったそれは、「七博士意見書《しちはくしいけんしょ》」として有名だが、当時は学界のほうが政府よりも「右」であったことに注目すべきだろう。

「ああわが国はすでに一度遼東《りょうとう》還付に好機を逸《いっ》し、再《ふたた》びこれを膠州《こうしゅう》湾事件に逸し、また三度これを北清事変に逸す。あにさらにこの覆轍《ふくてつ》を踏んで失策を重《かさ》ぬべけんや。……特に注意を要すべきは極東の形勢ようやく危急に迫り、既往のごとく幾回も機会を逸する余裕を存《そん》せず。今日の機会を失えば、ついに日清韓をして再び頭を上ぐるの機《き》なからしむるに至るべきことこれなり。……ゆえに極東現時の問題は必ず満州の保全についてこれを決せざるべからず。もし朝鮮を争議の中心とし、その争議に一歩を譲《ゆず》らば、これ一挙にして朝鮮と満州とを併《あわ》せ失うこととなるべし。」（「七博士意見書」抜粋）

要約すれば――三国干渉があっても遼東半島を還付すべきでなかった。ドイツの膠州湾租借にあたっては日本は妨害すべきであった。北清事変時のロシアの行動を抑止すべきであった。日露間の「満韓交換条約案」など話にならず、満州権益のみ争うべき。総じてロシアには一歩も譲歩せず攻勢をかけるべし――となる。

それができればそれに越したことはないだろう。残念ながら、パワー・ポリティクスの現実の前ではそれができなかったから、政府は悩み、慎重だったのである。

この単純すぎる論理に、伊藤博文ですら「生半可《なまはんか》な知識だけあって現実を知らないとは恐ろしいことだ」と嘆いたという。ちなみに、夏目漱石は自分の大学予備門（のちの旧制第一高等学校）在学時代＝一八九〇（明治二十三）年頃の校風を思い返して、後年次のように述べている。

「昔《むか》し私が高等学校にいた時分《じぶん》、ある会を創設したものがありました。何しろそれは国家主義を標榜《ひょうぼう》したやかましい会でした。……当時の校長の木下広次《きのしたひろじ》さんなどは大《だい》分肩《ぶ》を入れていた様子でした。……私はこう言いました。……国家は大切かもしれないが、そう朝から晩まで国家国家といってあたかも国家に取りつかれたような真似は、とうていわれわれにできる話でない。……いよいよ戦争が起こった時とか、危急存亡の場合とかになれば、考えられる頭の人……考えなくてはいられない人格の修養の積《つ》んだ人は、自然そちらへ向いて行く訳《わけ》で、個人の自由を束縛し個人の活動を切りつめても、国家のために尽《つ》くすようになるのは天然自然と言っていいくらいなものです。……もう一つご注意までに申し上げておきたいのは、国家的道徳というものは個人的道徳に比べると、ずっと段の低いもののように見えることです。元来《がんらい》国と国とは辞令はいくらやかましくっても、徳義心はそんなにありゃしません。詐欺《さぎ》をやる、ごまかしをやる、ペテンにかける、めちゃくちゃなものであります。……だから国家の平穏《へいおん》な時には、徳義心の高い個人主義にやはり重きをおくほうが、私にはどうしても当然のように思われます。」（夏目漱石講演「私の個人主義」大正三年十一月二十五日、学習院輔仁会《ほじんかい》にて）

「個人対国家」こそ、漱石の思想の中心軸であり、この講演にも力が入っている。後年、マルキシズムや左翼思想の牙城《がじょう》のように言われたアカデミズムも、初期は対極に軸足を据えていたのである。そして以後も、東京帝大からは大川周明《おおかわしゅうめい》、鹿子木員信《かのこぎかずのぶ》、安岡正篤《やすおかまさひろ》、加藤完治《かとうかんじ》らの右寄りの人物がしばしば輩出されている。

議員の非戦論

日清戦争ではほとんど非戦論はなかったが、日露戦争になると、与謝野晶子《よさのあきこ》の「君死にたまうことなかれ」という母性的反戦論はともかくとして、幸徳秋水《こうとくしゅうすい》、堺利彦《さかいとしひこ》、安部磯雄《あべいそお》ら平民社の社会主義的反戦論や、内村鑑三《うちむらかんぞう》らキリスト教的非戦論などが現れてきた。帝国議会内での反戦論や非戦論は僅少《きんしょう》だったが、平和主義的あるいは財政的な非戦論は次のように散見された。

●第十八回衆議院本会議　一九〇三（明治三十六）年五月二十八日

板倉中《いたくらなかば》議員　……わが海軍拡張のために議会を解散し、その恥を忍び垢《あか》を含んで、なおかつこの海軍を拡張するというところをもって見ますれば、わが政府は兵力をもってこの東洋の事局を維持し、兵力を主としてもって、事局をなすのであるかのごとく見ゆる。……もしこの朝鮮国がわが国とほとんど同一になるような有り様《あさま》に、あいなった場合を想像してみたならば、いかがでありましょう。……もしも彼と我と一度相合体《あい》しさえすれば、海軍力の増加によらなくも、地理上利益はすなわち東洋において覇《は》をなすに足るのである。……かの万里《ばんり》の波濤《はとう》を越えて、豪州にもしくはアメリカに他国に移住するよりも、一衣帯水の朝鮮に往《い》ってすなわち教師たるの地位に在《あ》って仕事をするほうが、都合がよろしいのであるから、往くべき人は沢山あるのである。

……

●第十八回衆議院本会議　一九〇三（明治三十六）年五月三十日

大竹貫一《おおたけかんいち》議員　諸君、私はここに大胆にも、この海軍第三期拡張費に反対するものであります。……軍艦を沢山造《つく》りまして、東洋の覇権を握って、世界に雄飛することは、吾々《われわれ》のもっとも好むところであります。……しかしながら今日《こんにち》わが国の財政および経済の状況に照らしましたならば、とうていこれらのことというものは、ほとんど痴人《ちじん》の夢を語るに同じことでありますから、とうていできぬ話である。……

板倉議員の意見は発想を逆転させた日朝合併論であるが、日露戦争の勝利後にようやく実現できたことなので、この時点では現実性を欠いている。

いっぽう、大竹議員の意見は財政を重視したバランス論であるが、もし日本が日露戦争を避《さ》けた場合、どのような歴史の進行があったかを考えさせられる問題である。しかし、戦争が予想される時期に、このように軍備抑制論を自由に述べることができたのであるから、後述する太平洋戦争前夜とは大変な違いである。

政府の冷静な戦力分析

日露戦争の前後は第一次桂太郎内閣が担当したが、伊藤博文、山県有朋ら明治の元勲が一致協力したので、足並みは揃っていた。彼らは平和を希求することを第一義としており、ロシアに対してまずは外交を基本にした。

その日露交渉は一九〇三（明治三十六）年七月以来、小村寿太郎外相とロシアのローゼン駐日公使の交渉など、約半年をかけて粘り強く続けられたが、ついに決裂。一九〇四（明治三十七）年二月に開戦となった。次は、開戦直後の帝国議会である。

●第二十回衆議院本会議　一九〇四（明治三十七）年三月二十三日

桂太郎総理大臣　……列国の正当なる利権を尊重いたしまして、東洋の平和を永遠に保持し、帝国の地位を強固にいたしまするとは、帝国の国是《こくぜ》とするところでございます。しかるに露国の満州および韓国におきまする施設行動は、実にこの国是と相容《あいい》れざるものでございまするをもって、政府は聖旨《せいし》［天皇の意見］を奉じまして、昨年七月以来、露国と交渉を重ねました。しかるに露国は誠意をもってわが交渉を迎えざるのみならず、ますますわが国権を侵害するの行動に出《い》でて憚《はばか》るところがなかったのでございます。これにおいて帝国は自衛上交渉を断絶いたしまして、自由行動を取るのやむを得ざるに至りましたが、……勝ちを全局に制しまして、すみやかに平和の克復《こくふく》に努めまする……

小村寿太郎外務大臣　諸君、ここに本院に向かって、日露交渉の開始より断絶に至るまでの経過をご報道いたしますのは、本大臣の光栄といたすところでございます。

（拍手起こる）……

そして、小村外相・ローゼン駐日公使の往復書簡が全議員に公開された。また、次の山本権兵衛《やまもとごんべえ》海相の発言からは、政府は日露両国の戦力分析を冷静に行ったうえ、現実的な対応策を採っていたことがよくわかる。ちなみに、国民にも、その軍事力の比較はよく浸透していた。

●第二十回衆議院本会議　一九〇四（明治三十七）年三月二十五日

山本権兵衛海軍大臣　……昨年、日露問題の交渉以来、十月以来はもっぱら外交にともないまして、海軍の軍事上に慎重なる注意と、諸般の設備とに大《だい》なる困難をもちまして、これにでき［う］べきだけの事柄《ことがら》を、ごく秘密に施行いたしましたることをも、これまた諸君の脳裡《のうり》の上に深くご注意を、願っておかなければならぬことでござります。……日露の勢力を当時比較いたしまするると、すなわち敵の勢力は――東洋に在るものと、ならびにその国より東洋に向かって派遣し、もしくは製造を終わって、まさに東洋に向かって発《はっ》せんとするものとを合算いたしまするると、はるかにわが海軍の全勢力の上に出るということは、これまた数字の上において、諸君のご承知なさることであろうと思います。この時に至り外交問題はますます急迫を告げ、……政府はこの時に至りましてアルゼンチン国より、伊国造船所に注文してあります二艘の装甲巡洋艦を購入いたすことに決定をいたしまして、……外交談判を断《た》ちて、……大命《たいめい》を受け取りましたや否や、佐世保《させぼ》に集中してあるわが海軍艦隊は二月六日をもって港を解纜《かいらん》［出航］いたし、……その一部は仁川《じんせん》に派遣いたし、残れるところの主力を旅《りよ》順《じゅん》方面に向けたのであります。……

その後、日露戦争のほぼ中間期に、通常の第二十一回帝国議会が開かれた。戦況はまず順調と言えたが、日露戦争の決め手になった日本海海戦や奉天会戦はまだ先である。

議会では、衆議院議長から天皇陛下に対して奉答文が上程されたが、「しかれども前途なお遼遠《りようえん》にして」との言葉が使われている。この五日後には、桂首相から総括報告されているが、戦争に対する国民の陰《かげ》の力にも言及していることが注目される。太平洋戦争時のように切羽《せっぱ》詰まってはいなかったせいもあるが、そこには冷静な気配りが読み取れる。ただし、当時としては未曾有《みぞう》の軍事費を要したため、臨時軍事予算の要求が出ている。

●第二十一回衆議院本会議　一九〇四（明治三十七）年十二月二日

桂太郎総理大臣　……開戦以降わが軍が連戦連勝、戦局漸時《ぜんじ》その歩《ほ》を進めまするのは一《いっ》に陛下の御稜威《みいつ》による次第でございます。しこうして陸海軍人が作戦よろしきを得《え》、隆暑《りゅうしょ》に耐え極寒を冒《おか》し、万難を淩《しの》いでよくその忠勇をいたしまするのと、国民が一致協同愛国の至誠《しせい》を尽《つ》くし、資源の培養に勉《つと》め、軍資の供給を豊かにする等、……実に今日ある所以《ゆえん》であるということを疑いませぬ。しかしながら前途は遼遠でございまする。……前議会におきまして、諸君の協賛を得ましたる臨時軍事費予算の期限も、すでにその終わりに近づきましたが、時局の趨勢《すうせい》は、前途なお十分なる計画を要しまする次第でございまする。……

このように日清戦争・日露戦争では、政府にも議会にも冷静な合理主義が貫《つらぬ》かれており、日中戦争・太平洋戦争時の主観的な精神主義とはまったく対照的であった。

また、戦争は多額の資金を必要とするため、通常の予算では賄《まかな》えず、このように臨時軍事費予算が要求され、その都度、帝国議会で承認された。それでも帝国議会が承知・承認する範囲に収まっていたから、正常と言える。

しかし、日中戦争や太平洋戦争のような大規模な総力戦になると、臨時軍事費は莫大《ばくだい》な額に跳《は》ね上がった。そのため、「臨時軍事費特別会計」として一般予算から切り離し、帝国議会の審議を経《へ》ない特別予算が強引に創設される。そうなると、議会での歯止めがきかなくなり、軍事予算が暴走していった。

日露戦争はこのあと、一九〇五（明治三十八）年一月のサンクトペテルブルクで起きた血の日曜日事件、三月の日露両軍共に戦力を消耗した奉天会戦、五月末のバルチック艦隊を迎え撃ち完勝した日本海海戦と、ロシア側に戦争継続が困難な様相が強まった。

日米関係の反転

一九〇五（明治三十八）年六月九日、アメリカ大統領のセオドア・ルーズベルト（太平洋戦争時の大統領フランクリン・ルーズベルトの従兄《いとこ》）は日露両国に講和を勧告した。しかし両国間には多くの争点や懸案があり、休戦協定が結ばれたのは九月一日だった。

日露間の条件交渉会議は一カ月間に一七回も行われ、日本の戦勝果実は、賠償金なし、南樺太《からふと》の割譲、中国関東州《かんとうしゅう》の租借権および東清《とうしん》鉄道の南満州支線（のちの南満州鉄道）の運営権の譲渡が合意された。

八月二十八日の御前会議では、「たとえ償金・割地《かっち》の二問題を放棄するのやむを得ざるに至るも、この際講和を成立せしむること」を確認し、小村寿太郎全権に指示していた。すなわち、ロシアの脅威を排除できれば御《おん》の字《じ》であったのだ。内情をよく知らない民衆は小村を罵倒《ばとう》したが、この成果は政府としては十分満足すべきものであり、その後、小村は外務省に君臨することになる。

ところが、戦争時の日米友好ムードは、アメリカで開かれたポーツマス講和会議を境《さかい》に急に軋《きし》み始める。

財政の乏《とぼ》しい日本の戦時国債を大量に買ってくれたのはアメリカであり、とりわけ鉄道王ハリマンは多額を引き受けた。ハリマンはポーツマス会議後、南満州鉄道の日米共同運営を提案してきた。アメリカの意向は無下《むげ》にできなかったし、また日本の政治的・経済的リスクを軽減できるこの提案は日本政府にとっても魅力的だったので、閣議ではそれを受けることでいったん固まる。

ところが、講和会議の全権・小村寿太郎は帰国後、このハリマン提案を知るや「将兵が血を流し、国民が爪《つめ》に火を灯《とも》して獲得した日露戦争の果実はびた一文たりとも他国に与えるべきではない」と強硬に反対、ついに日本政府はこれを断ってしまう。これが日露戦争後の日米関係の流れを左右する大きな分岐点となった。

アメリカ側から見たパワー・バランスでは、日露戦争でのロシアの勝利をもっとも恐れたが、日本の辛勝《しんしょう》か日露の痛み分けを望んでいた。しかし、陸戦では日本軍が優勢であったし、連合艦隊は海戦史上類《るい》を見ない完勝をなしとげた。太平洋を挟《はさ》み対峙している日本海軍が予想以上に強力であった事実は、アメリカ海軍にとって安全保障上の潜在的脅威として映《うつ》っただろう。

十九世紀末にヨーロッパで造語された黄禍論《おうかろん》が、アメリカ人にとってはじめて実感をともなって認識されたのである。アメリカ人の人種差別的感覚はその後の日米関係に大きく影を落とした。

第二章

政党政治と内外の問題

5 ジーメンス事件

武器輸入大国・日本とジーメンス事件

ジーメンス事件とは、一九一四（大正三）年一月に発覚した日本海軍の汚職事件である。ドイツのジーメンス社が日本海軍に対する艦船や装備品の売り込みに際して、海軍高官へ贈賄《ぞうわい》を行っていたことが発覚したのだ。

明治維新以降、日本政府は文明開化、富国強兵、殖産興業を旗印《はたじるし》としたが、富国強兵が殖産興業より一歩も二歩も先に出て、突っ走る結果となっていた。したがって、日本は多くの兵器を海外から調達する輸入大国になっていたのである。特に、海軍の大型艦船や装備品はきわめて高価な買い物であり、その供給元としてイギリスのヴィッカース社やアームストロング社、ドイツのジーメンス社などが激しく争っていた。そして、メーカーや品目を選定する権限を持つのは、海軍の高級技術将校や監督官だった。

ジーメンス社横浜《よこはま》支配人の吉田《よしだ》収吉《しゅうきち》は、海軍艦政本部（艦船の計画・製造を担当した機関）の鈴木《すずき》周二《しゅうじ》造船中監（中佐相当）を通じて入札情報を事前に入手、ヴィッカース社やアームストロング社より有利に入札して通信・電気装備品を一手に納入した。その見返りとして、謝礼が関係する海軍将校に支払われたのだ。

この種の贈賄行為はそれまで他メーカーの場合でも広く浸透していたが、表面化しなかっただけであり、歴代の宮内《くない》相なども疑わしいと言われている。

発端は内部告発

その氷山の一角が崩《くず》れる時が来た。一九一三（大正二）年十月、ジーメンス社社員カール・リヒテルは社内から贈賄を記した秘密書類を盗み出し、東京支店長あてに「会社が買い取るよう」脅迫文書を送りつけたが失敗、今度はロイター通信の特派員アンドルー・プーレーにその書類を売った。

ジーメンス社は事実が明るみに出ることを恐れてプーレーから秘密書類を買い戻して焼却、いったん事件は収束する。ところが、ドイツの秘密機関がこの経過を把握《はあく》しており、リヒテルを逮捕すると同時に、関与した日本海軍将校の実名を公《おおやけ》にした。艦政本部第四部長・藤井光五郎《ふじいてるごろう》機関少将と艦政本部部員・沢崎寛猛《さわざきひろたけ》大佐の二人である。

海軍では、懸命に組織防衛に努めたが、内部告発もあって、隠しきれなくなった。折しも海軍出身の山本権兵衛内閣は、海軍拡張案の原資として増税を掲《かか》げていたので、筋《すじ》が通らなくなってしまった。本件について、立憲同志会の島田三郎議員が執拗《しつよう》に政府に迫っている。

●第三十一回衆議院予算委員会　一九一四（大正三）年一月二十三日

島田三郎議員　……今日の朝、配布したところの新聞に多く出ておりますが……「リヒテル」という独逸《ドイツ》の……「シーメンス」という会社が日本の東京に支店を出した。それでこの中に使われておって、その中の密書を取り出して、その密書は海軍の将官が「コミッション」を取って私《わたくし》をしたということの趣意の密書だそうであります。……私は海軍の増加についてその間に言うべからざる疑惑を懐《いだ》く。……天下皆《みな》疑惑を懐いておる。かくすれば内地の造船所は富《と》むであろう。……政府は、特に海軍はいかなる手段を執《と》られて、この新聞の報ずるところは無実なりと天下に表明される方針を講《こう》ぜられておるか。……

斎藤実《さいとうまこと》海軍大臣　……私も今日、新聞を一読いたしまして驚いた次第でありまするが、……約二カ月ばかり前に「シーメンミッケルト」の支配人たる「ヘルマン」という者が……私に会見を求めて来た。海軍省において会いました。しかるにその人の言うところは、ある秘密書類を盗まれた。……その秘密書類がある新聞の通信員の手に渡って、脅迫して、金を出すならばこれを公《おおやけ》にせぬということの問題……それについて海軍の人の名が載《の》っている、それに私のほうの会社の秘密の事柄が書いてある書類があるということであります。……そのことの有無《うむ》にかかわらず新聞に出るということは面白くなく考えるけれども、しかしながらかくのごとき曲事《きよくじ》があれば、それを糺《ただ》すのが私の職責であるから一向《いっこう》構わぬ、新聞に出さして差《さ》し支《つか》えない、かように申したのであります。……

島田三郎（一八五二〜一九二三年）は大学南校（東京帝国大学の前身）で学び、官僚、ジャーナリストを経《へ》て、大隈重信輩下《はいか》、憲政党代議士になった人物である。クリスチャンでもあり、廃娼、選挙権拡大、労働組合支援、軍縮などを主張したハト派だった。

隠蔽《いんぺい》

斎藤は突《つつ》かれて困るようなことは海軍にないはずだし、少々あったとしても膿《うみ》を出す良い機会だと大見得《おおみえ》を切っている。

斎藤は二カ月も前にジーメンス社から相談を受けていたのだから、早手回《はやてまわ》しに海軍の痛手をミニマイズする手立ては打てたのであろう。二月十日に立憲同志会・立憲国民党・中正会《ちゅうせいかい》の野党三党は、内閣弾劾《だんがい》決議案を上程するが、一六四対二〇五で否決されている。

同日、日比谷公園でも内閣弾劾国民大会が開かれたが、この結果を聞くと参加者たちは憤激して国会議事堂を包囲、構内に入ろうとして官憲と衝突した。その後の本会議では、本事件に関係する海相と司法相から説明があった。

●第三十一回衆議院本会議　一九一四（大正三）年二月二十一日

斎藤実海軍大臣　「シーメンス」事件に関する海軍査問委員会につきまして、大要《たいよう》のご報告をいたします。……査問委員会は調査上検事と打ち合わせをいたし、事実の真相を得ることに努めましたのであります。……海軍大佐沢崎寛猛に関し……取り調べを進めおりましたところ、本年二月七日東京地方裁判所検事正より、同人の収賄《しゅうわい》嫌疑に関する書類を東京軍法会議に送致《そうち》し来たりました。即日海軍検察官の検察具申《ぐしん》によって、収賄被告事件として審判命令を発したる次第でございまして、査問委員会は同人に対する取り調べを止めましたのであります。査問委員会は本年一月三十日以来、海軍機関少将藤井光五郎に関しまして、……右両人はすなわち普通裁判における予審に付せられる状態にあるのでございます。……

奥田義人《おくだよしと》司法大臣　……二月七日に海軍省艦政本部第一部員沢崎大佐に対する収賄事件を海軍官憲に送致をいたしました。同日「ヘルマン」に対する贈賄罪について予審を請求いたしました。二月十五日に藤井海軍少将に関する事件の証拠書類を海軍官憲に送致いたしました。……

島田三郎議員　査問委員会と普通の刑事裁判所と同時に手を着けられたようでありまするが、これについて司法官憲のほうから何々の被告事件という事実を査問委員会に報告した、そうしてまた開いてから数日経《へ》た後《あと》にいろいろの証拠になるべきものを送られたようであります。……その以前に査問委員会が単独に罪跡《ざいせき》を調べるだけの自信があったか、あるいはさらに事実があったか、これをうかがいたい。

両大臣は手続きと経緯は説明しているが、本質的問題がある。すなわち、本事件の裁判に一般裁判所はいっさい使わず、証拠の収集と送致に利用しているだけである。そして海軍内部の査問委員会でお茶を濁《にご》そうとしたが、そうもいかなくなったので海軍軍法会議で処理しようとした。そのあたりを見抜いて、島田が迫っているのである。

なお、ジーメンス事件の捜査の副産物としてヴィッカース社と代理店・三井物産による贈賄事件が発覚、艦政本部長・松本和《まつもとかず》中将が軍法会議にかけられた。松本、藤井、沢崎の三名はそれぞれ懲役と追徴金が課せられたが、結局、海軍軍人の有罪はこの三人に絞られて一連の事件は収束した。しかし、事件の責任を取って三月二十四日に山本内閣は総辞職、ほどなく山本権兵衛と斎藤実は予備役に編入された。

まだ軍部の専横は始まっておらず、帝国議会では自由な議論が支配的だったのだ。

航空機輸入大国・日本とロッキード事件

ジーメンス事件が戦前の「武器輸入大国の悲劇」とすると、一九七六（昭和五十一）年のロッキード事件は戦後の「航空機輸入大国の悲劇」として、好対照をなしている。

戦後、独占的に航空機大国を誇ったアメリカでは、旅客機においてボーイング社、ダグラス社が大勢力を誇り、そこにロッキード社が割り込もうとした。軍用機では定評のあるロッキード社も、旅客機の開発では出遅れており、巻き返しに必死だった。その切り札が一九七〇（昭和四十五）年に初飛行に成功したロッキードL－1011トライスター機である。

そして、ボーイング747機やダグラスDC－10機のシェアを奪おうと、アメリカ国内はもちろん日本、オランダ、ヨルダン、メキシコなどに猛烈な売り込みをかけた。ターゲットになる航空会社への政治的ルートに工作資金を使ったのである。同機の購入を真剣に考えていた全日本空輸（全日空）ルートに対しては総額約三〇億円が用意され、政財界の黒幕、フィクサーと呼ばれた児玉誉士夫《こだまよしお》に二一億円、実業家の小佐野賢治《おさのけんじ》や輸入代理店・丸紅を通じて、田中角栄《たなかかくえい》前首相にも五億円が流れた。

そして一九七六（昭和五十一）年二月十日、アメリカ上院外交委員会の公聴会で、ロッキード社から各国政府関係者などに多額の資金がバラ撒《ま》かれたことが発覚した。これを受けて、当時の三木武夫《みきたけお》首相は異常なまでの執念を燃やして事件捜査を開始した。一つは警視庁、国税庁、東京地方検察庁による合同捜査、もう一つは国会における証人喚問である。

その結果、田中前首相は一九七六（昭和五十一）年七月に逮捕され、八月に受託収賄罪と外国為替《かわせ》及び外国貿易法（略称・外為法《がいためほう》）違反で起訴される。いったん保釈されるが、一九七七（昭和五十二）年一月に東京地裁で公判が開始され、日本のみならず世界的な注目を浴びた。

一九八三（昭和五十八）年十月、東京地裁で「懲役四年、追徴金五億円」の判決が下ったが、田中はこれを不服として東京高裁に上告した。しかし、一九八七（昭和六十二）年七月に控訴は棄却される。そして最高裁の上告中の一九九三（平成五）年に田中は亡くなってしまう。最終的な最高裁判決は一九九五（平成七）年に「追徴金五億円」で決着し、相続税に加算して収納された。

その間、関係した新聞記者や運転手ら計三名が不審死している。また、与党・自由民主党（以下、自民党）内でも三木首相はやりすぎ、あれは国策捜査だ、との批判が強く、政界では好感《こうかん》されなかった。

ジーメンス事件とロッキード事件は半世紀以上の隔《へだ》たりがあるが、構図が複雑で、議会で大きく取り上げられた点は共通している。ただし、前者では証人喚問は行われず、マスコミ露出という点で、新聞とテレビという大きな差がある。司法面でも、前者は当初、海軍省内任意の査問委員会でごまかそうとした。最終的に軍法会議に回ったものの、きわめて密室的である。対して、後者は衆人環視の下《もと》、一般裁判所で地裁→高裁→最高裁と順を踏んだところが大きく異なる。

このような差異のよって来たるところは、シビリアン・コントロール（文民統制。「11統《とう》帥権《すいけん》」で詳述）の強弱、マスメディアの発達など時代的要素が大きい。

政治的影響を見ると、ジーメンス事件で政界は大揺れしたが、ロッキード事件では自民党の与党体制は揺るがなかった。現在もロッキード事件は国民の耳目《じもく》に新しいが、事《こと》の重大さや深刻さは、むしろジーメンス事件のほうが大きいと考えられる。

「記憶にございません」

ロッキード事件という言葉を国会の全会議で検索をかけると、計一三六四回もの会議に登場する。一九七六（昭和五十一）年二月九日の参議院決算委員会から始まり、二〇一六（平成二十八）年四月二十六日の衆議院財務金融委員会まで、なんと四〇年間もひきずっているのだ（最近は法務的参照例として取り上げられている）。では、国会でどう取り上げられたかを検証してみよう。その焦点は、ごく初期に集中している。

●第七十七回参議院決算委員会　一九七六（昭和五十一）年二月九日

小山一平《こやまいっぺい》議員　……ロッキード献金事件は、米上院外交委員会の多国籍企業小委員会の調査の内容が明らかにされるにつれて、日本の歴史の中でかつて例を見ない重大な黒い霧事件として国内に大きな衝撃を与えております。各政党はそれぞれ調査団を米国に派遣するなどあわただしい動きを見せ……国民の間ではこの事件について非常な驚きと共に憤激の声が日に日に高まっておりますし、この事件の真相が徹底的に究明されることを期待をいたしております。

福田一《ふくだはじめ》国務大臣　……私、国務大臣としても、また国家公安委員長としてもこの問題は厳正公平に調査され、究明され、そうして国民の疑惑を解《と》く最大限の努力をしなければならないものと考えております。

●第七十七回衆議院本会議　一九七六（昭和五十一）年二月十三日

三木武夫総理大臣　……このロッキード事件が起こりました直後に、日本政府はアメリカの政府に対して、いろいろ噂《うわさ》されておるような政府高官名と言われるようなものの内容も含めて、米国政府の持っておるあらゆる真相究明のための材料を日本政府に提供して貰《もら》いたいという要請をいたしたわけでございます。国民の前に、このような疑惑は、できる限りの努力を払って真相を究明しなければならぬというのが強い政府の決意であることを申し上げておきたいのでございます。（拍手）

なかでも、二月十六日から始まりテレビ中継された衆議院予算委員会における証人喚問は印象的であった。私は当時、手術後の静養のため自宅でテレビを見ていたが、荒舩清十郎《あらふねせいじゅうろう》委員長らが証人たちに喚問していく映像は、今も強く記憶に残っている。

事件関係者として、全日空から小佐野賢治社賓《しやひん》、若狭得治《わかさとくじ》社長、渡辺尚次《わたなべなおじ》副社長、日本側輸入総代理店・丸紅から檜山廣《ひやまひろ》会長、大久保利春《おおくぼとしはる》（大久保利通の孫）専務、ロッキード社からコーチャン副会長らが喚問された。そのなかから、小佐野証人と檜山証人に対する喚問を議事録から抜粋してみよう。

●第七十七回衆議院予算委員会　一九七六（昭和五十一）年二月十六日

荒舩清十郎予算委員長　これより証言を求めることになっておりますが、証人は証言を求められた範囲を越えないこと、またご発言の際には、そのつど委員長の許可を得てなされるようお願いいたします。……証言を求める順序は、小佐野賢治君、続いて若狭得治君、続いて渡辺尚次君の順序でお願いをいたします。小佐野賢治君以外の方は控室でしばらくお待ちを願います。

…

荒舩予算委員長　あなたは全日空の株主と聞いておりますが、あなたの所有株式は何株でありますか。また、全日空で役職または何らかの地位についておられますか。

小佐野賢治証人　いろいろの会社の株を持っておりますからよく記憶はしておりませんが、千百万株ぐらいだと記憶しております。それから、全日空の役職員にはついておりません。……私はどういうあれかよくわからないのですが、社賓ということで私はあるようでございますけれども……。

…

荒舩予算委員長　それでは、ロッキード社のトライスターを推薦したことはありますか、ありませんか。

小佐野証人　ありません。

●第七十七回衆議院予算委員会　一九七六（昭和五十一）年二月十七日

永末英一《ながすええいいち》委員　あなたのほうがこれらのいろいろな問題を処理をしたあげく、……ロッキード社と契約を結ばれました。この契約の中で、あなたのほうは代理店として唯一無二の代理店である、ソール・アンド・イクスクルーシブ・リプレゼンタティブ、こういう名称が使われておりまして、あなたのほうは代理店、唯一無二の代理店だということを承知しておられますね。

檜山廣証人　代理店の契約書は、ソール・アンド・イクスクルーシブでございます。

永末委員　……代理店のなすべきこととして、ロッキードのエンプロイーに対してはこのロッキードの製品を売るについて協力をせよと、こういうことが書いてございます。ご存じですね。

檜山証人　はっきり覚えておりません。

永末委員　覚えていなくても、そういうものだということは会長として承知しておられるのでしょうな。承知はしておられますね、そういうものであることは。

檜山証人　一遍《いっぺん》読んでみなければわかりませんが、記憶にございませんので……。

航空機、船舶、プラントなどの大型一件取引におけるソール・アンド・イクスクルーシブという総代理店契約は、その獲得に向けて各商社が激しく競う取引基盤である。コンスタントに継続的に流れる物資の経常取引とは違って一発勝負でもあるので、とかく工作資金が用意されるケースは多くなる。

また、「記憶にございません」は当時の流行語もなり、今も私たちの記憶に残っている。

6
第一次世界大戦

漁夫の利

一九一四（大正三）年盛夏、突如ヨーロッパで戦闘が始まったという大ニュースが飛び込んで来た。第一次世界大戦である。日本にとって、まさに青天の霹靂《へきれき》だった。ヨーロッパの当事国ですら、「すぐに終戦となり、クリスマスは家族で祝えるだろう」という楽観論が支配し、大規模な長期戦になることを予想した者はほとんどいなかった。

第一次世界大戦はヨーロッパ全体を巻き込んだが、日本とアメリカには戦禍は少なく、両国とも経済的には大いに潤《うるお》い、漁夫の利を得た。日米の経済が大戦中にどう伸びたかを英仏独と比較して見てみよう（図表5）。

日本は開戦後ほどなく、日英同盟によるイギリスからの参戦要請に応《こた》えて一九一四（大正三）年八月にドイツに宣戦布告。ドイツ東洋艦隊の根拠地・青島《チンタオ》とドイツ領だった南洋諸島を攻略し、たちまちそこを制圧した。

民衆や議員のなかには参戦をチャンスと捉《とら》えて、青島や南洋諸島を奪取してしまおうとの意見も強かったが、時の外相・加藤高明は国際経験豊かな開明派であった。日本の武断主義に対して、欧米が警戒・嫌悪することを抑止せねばと強い意思を持っていた。

結局、第一次世界大戦後、日本軍が制圧した山東《さんとう》半島は中国に返還せざるを得なくなったが、南洋諸島は日本の委任統治となった。しかし、一九一五（大正四）年に「鬼の居《い》ぬ間《ま》に」と大隈内閣が中国に出した対華二十一カ条要求は、欧米から散々の非難を浴びた。

地中海への艦隊派遣

第一次世界大戦中、日本艦隊は地中海に派遣されている。開戦当初から、同盟国イギリスから日本に対して、ヨーロッパ大陸への派兵や地中海への艦隊の派遣要請があった。

しかし、日本にとって利害の薄い遠方で、日本人の血と金を流すわけにはいかない。さりとて、主戦場ヨーロッパから離れた極東や南洋という比較的楽な近場でドイツを叩いただけでは、列強から非難を浴びる。また、戦後の講和会議での存在感は希薄になる――そのようなバランスを計《はか》って、日本は地中海に巡洋艦一隻、駆逐艦八隻からなる護衛艦隊を

図表5　第一次世界大戦と各国のＧＤＰ

		日本	アメリカ	イギリス	フランス	ドイツ
粗鋼生産	1914年	32	2389	797	280	1381
	1919年	53	3523	802	129	871
	伸び	1.66倍	1.47倍	1.01倍	0.46倍	0.63倍
石炭生産	1914年	2000	38347	27000	2750	16100
	1919年	2900	42262	23300	2240	11700
	伸び	1.45倍	1.10倍	0.86倍	0.81倍	0.73倍

※単位：万トン

ＧＤＰ	1913年	8001	131400	4121	45663	52440
	1925年	12332	179400	3966	55724	46897
	伸び	1.54倍	1.37倍	0.96倍	1.22倍	0.89倍

※単位：100万円・ドル・ポンド・フラン・マルク

派遣することを決めたのだ。

連合国側の軍事輸送やアジア植民地と往来する輸送船団をドイツのＵボート（潜水艦）から護衛し、救助するのが目的である。艦隊は一九一七（大正六）年二月に佐世保《させぼ》港を出港、地中海のマルタ島を基地として護衛活動を開始した。

彼らの勇敢で迅速な活動は現地で大変評価されたが、駆逐艦の一隻はＵボートの犠牲になってしまった（写真4）。この時期に開かれた特別会期の衆議院本会議では、次のような論議があった。

●第三十九回衆議院本会議　一九一七（大正六）年六月二十六日

島田三郎議員　……最近においてわが駆逐艦がドイツの潜水艦と闘って、わが忠勇の犠牲を地中海に出したということで、大いに国民がこれに注意を惹起《じやつき》したのである。……海軍の費用にも支出のことを賛《さん》する権利のある衆議院は、海軍力の上にも意《い》を注《そそ》がなければならぬことがあるのであります。……この出動しておりますところの軍艦の種類と隻《せき》数はどのくらい、また何種類あるかということ、これが第一であります。第二にはこの派遣せられ出動し活動しておりまするこの軍艦は、日英条約による結果なるはもちろんであるということを私は信じなければならぬのでありますが、しかしながら同盟条約の本文より生ずる義務的行動であるか、あるいはまた約条の正文《せいぶん》以外、友誼的《ゆうぎてき》行動であるか。……

加藤友三郎《かとうともさぶろう》海軍大臣　……その隻数艦名いかんというご質問でございますが、これは遺憾《いかん》ながら公開の席ではお答えはできませせぬ。（「ヒヤヒヤ」と呼ぶ者あり）……またその動機についてのご質問でございまするが、……英国政府より……わが艦隊の援助を求め来《きた》ったという趣旨《しとう》でございます。ここにおいて私共《わたくしども》軍事当局者は……これを派遣することは至当であある、作戦上すなわち連合作戦を実施いたしておりまする折から、その戦面の変化に応じ機宜《きぎ》の処置を執《と》るということは当然である、かく考えまし

写真4　地中海の慰霊碑《いれいひ》

1921（大正 10）年4月、イギリス領マルタ（当時）で慰霊碑に参拝する皇太子時代の昭和天皇。うしろに閑院宮載仁親王《かんいんのみやことひとしんのう》（陸軍元帥）、手前にジョン・デ・ロベック地中海艦隊司令長官

たがゆえに、ある一隊を地中海に派遣したという次第でございます。……

島田議員は同盟条約上、艦隊の地中海派遣が本当に必要だったのか、また艦隊の規模は適当だったのかを政府に迫っている。所管の海相・加藤友三郎は開明的な軍人であり、さらに大正デモクラシーが支配していたこともあって、懇切《こんせつ》な答弁に徹《てっ》している。当時の日本の国際的軍事・外交関係から見て、この艦隊派遣は常識的であったと言えよう。

その後、開戦から約三年が過ぎた一九一七（大正六）年四月、それまで中立を守っていたアメリカがUボートの暗躍や豪華客船ルシタニア号の沈没などに直面して急遽《きゅうきょ》、連合国側に参戦した。

いっぽう、一九一七（大正六）年十一月にロシア革命でソビエト政権ができると、ソ連は一九一八（大正七）年三月にドイツと単独講和を結び、連合国側から離脱した。これはドイツにとっては追風《おいかぜ》であった。しかし、アメリカが兵士を一九五万人まで増派した結果、ドイツはジリ貧となって国力をすり減らし、ついに一九一八（大正七）年十一月に終戦となった。

その間、憲政の神様・尾崎行雄は加藤高明外相と同様、日本の武断主義への憂慮《ゆうりょ》を声高《こわだか》に叫んでいた。

●第四十回衆議院本会議　一九一八（大正七）年三月二十七日
尾崎行雄議員　……今日《こんにち》敵味方と分かれておる両軍の旗印《はたじるし》……ドイツは無論《むろん》武断主義の旗を掲《かか》げ……連合与国は公論主義の旗を掲げてこれに対抗しておるのであるが、

帝国政府は条約上においては連合与国の仲間に入っておる。しかし、その旗印を見ればややもすれば武断主義の旗を掲げて、自国において武断主義を維持するのみならず、隣邦たる支那に向かってまでも手を伸ばして、武断主義の応援をいたしておる。……将来国家の運命はこの旗印によって決まるのであります。（拍手起こる。「そんなことはない」「旗印を傷《やぶ》るなかれ」「国家を誤るの愚論なり」と呼ぶ者あり）……あたかもドイツと意気相《あい》通じておるがごとき働きをなすということは――（「ノウノウ」「もう一遍《いっぺん》言ってみろ」「降《お》りろ降りろ」と呼ぶ者あり。その他発言一時に起こる）

大岡育造議長　尾崎君――尾崎君、事《こと》いやしくも外交に関することは言語をお慎《つつし》みなさい……。（議場喧囂《けんごう》、聴取する能《あた》わず）――静粛《せいしゅく》に（騒然）――静粛になさい――議長はただ今尾崎君に注意を与えました――こういう外交上の大問題については、演説者は相当の注意を払って発言せられむことを希望するのであります。

尾崎議員　……議長の注意については深く了承いたします。言葉はできるだけ慎みます――しかしながら言葉と実行と何《いず》れが重きということは、ご承知を願います。自国において武断主義を維持し、隣国に向かって武断派を助けるということは実行である。（拍手起こる）この実行は世界にいかなる感覚を与えるかということは、お考え

写真5 尾崎行雄

1922(大正 11)年 2 月、普通選挙演説会にて

を願いたいのであります。（「国賊《こくぞく》尾崎黙れ」と呼ぶ者あり）すなわちその働きについては、あたかも世界の大勢《たいせい》に逆行をいたして（「何が逆行だ」「何を言うのだ」「君こそ日本の大勢に逆行するのだ」と呼ぶ者あり、議場騒然）……

尾崎行雄（一八五八～一九五四年、写真5）は神奈川の又野《またの》村（現・相模原《さがみはら》市）の漢方医の家に生まれ、新聞記者などを経《へ》て、一八九〇（明治二十三）年の第一回衆議院選挙以来六三年間に連続二五回当選した記録保持者である。最初はタカ派であったが、大正に入る頃からは軍縮論者、反軍国主義者にスタンスを変えている。

湾岸戦争の掃海艇派遣

一九九一（平成三）年四月の湾岸戦争における自衛隊掃海艇のペルシャ湾派遣は、わが国の艦隊がインド洋以遠に派遣された三回目の出来事だった。初回が前述の第一次世界大戦時の地中海派遣、二回目が第二次世界大戦時のインド洋作戦であり、それに次ぐものである。しかも、二回目からは半世紀近くも経《た》っており、注目すべき出来事だった。

湾岸戦争は一九九〇（平成二）年八月二日、イラク軍が突如クウェートに侵攻して始まったが、米軍を中心とした多国籍軍が反攻し、一九九一年（平成三）年二月二十七日に停戦となった。当時、自民党政権では、ハト派の海部俊樹《かいふとしき》が首相であったが、日米安全保障条約でアメリカのパートナーとして「日本の貢献はどうあるべきか」の論議が国会内外でさかんであった。

集団的安全保障への参画は現在以上にアレルギーが強かった半面、経済的繁栄を誇っていた当時の日本は結局、経済貢献に走り、九〇億ドルの支援を表明した。実際には、このほとんどはイラク支援ではなく、アメリカの軍事費補塡《ほてん》に向けられたが……。

しかし「日本は血を流さずに札束を切るだけ」という国際的非難や国内タカ派の非難を何とかかわしたいと、政府は停戦後、自衛隊掃海艇のペルシャ湾派遣の腹《はら》を固めた。まずは、その派遣直前の国会討議を数例見ていただこう。

●第百二十回衆議院本会議　一九九一（平成三）年四月十一日

安恒良一《やすつねりょういち》議員　私は、日本社会党・護憲共同を代表して、ただいま議題となりました平成三年度総予算三案について、反対の討論を行うものであります。……反対の第一の理由は、本予算案に湾岸平和基金への九十億ドルの拠出のための財源措置が含まれていることであります。政府はこれを平和回復活動のための支援といたしておりますが、アメリカでは戦費として予算に計上されるなど、これが戦費であることは誰の目にも明らかであります。……

●第百二十回参議院本会議　一九九一（平成三）年四月二十四日

喜岡淳《きおかじゅん》議員　私は、日本社会党・護憲共同を代表して、……海部総理および各大臣に質問いたします。……参議院におきましては、一九五四年、「自衛隊の海外出動をなさざることに関する決議」が行われております。政府は、本日の閣議で、ペルシャ湾の機雷除去のため自衛隊法を拡大解釈して海上自衛隊の掃海艇を派遣することを決定するということでありますが、これは憲法上からもまったく許されない暴挙であります。……

海部俊樹総理大臣　……ペルシャ湾には多くの機雷が敷設され多数残存しており、これがわが国の船を含む世界の船舶の航行の重大な障害となっておるわけであります。このようなときに、わが国も、おたがい国民生活にとっても必要不可欠な原油の大切な輸送経路でありますから、自衛隊法九十九条にもとづく措置として、その航行の安全を確保するため、この海域における機雷の除去およびその処理を行わせるために派遣を決定しようとしておるものでございます。……

●第百二十回衆議院本会議　一九九一（平成三）年四月二十五日

海部俊樹総理大臣　昨日、臨時閣議において、自衛隊掃海艇等のペルシャ湾への派遣を決定いたしましたので、ご報告を申し上げ、ご理解とご協力をいただきたいと存じます。（拍手）……政府としては、昨日、安全保障会議およびこれに続く閣議において、自衛隊法第九十九条にもとづく措置として、わが国船舶の航行の安全を確保するために、ペルシャ湾における機雷の除去およびその処理を行わせるため、海上自衛隊の掃海艇等をこの海域に派遣することを決定いたしました。（拍手）今回の措置は、……武力行使の目的を持つものではなく、これは憲法の禁止する海外派兵にあたるものではありません。……

社会党からは九〇億ドルの出費は平和貢献ではなく実質戦費である、また掃海艇派遣は違憲であると非難されたが、政府は内部の安全保障会議および閣議で派遣を決定したのである。

その後、自衛隊の落合《おちあい》畯《たおさ》一等海佐（大佐相当）を指揮官とした五一一名からなる掃海部隊は、一九九一（平成三）年に出発、ペルシャ湾での九九日間の掃海活動を行い、無事帰還した。

今日でも多発する国際紛争に対して、「いくら非難されても、日本はトクベツな国として、資金協力をして平和に徹すれば、存在感を得られる」という意見と「そろそろ特殊な平和憲法は忘れて、日本もフツーの国になって、他国並みにふるまうべき」という意見が両極にあり、その狭間《はざま》でさかんに論議されている。

本項では図《はか》らずも七〇年以上懸隔《けんかく》がある護衛艦隊地中海派遣と掃海艇ペルシャ湾派遣を対比することとなった。片や日英同盟にもとづき、片や日米安保条約に影響された点は近似している。また、政治的・経済的なコスト・パフォーマンスが問題とされた点も同じである。

ただし軍事的に制約がなかった時代と、集団的安全保障が違憲かどうか、それに該当するかどうかという縛《しば》りがある現代とは、その背景は大いに異なっている。

シベリア出兵と多国籍軍

第一次世界大戦の終盤になって起こったのがシベリア出兵問題であった。大戦中の独ソ単独講和により、最初は同盟国（ドイツ、オーストリア＝ハンガリーなど）側として戦っていた五万人のチェコスロバキア軍が連合国側への参入を希望した。これに対して、アメリカは同軍救出のための日米共同出兵を提案してきたが、日本は一九一八（大正七）年八月、単独でシベリア出兵を開始した。

まもなくチェコスロバキア軍救出の目的も達成され、第一次世界大戦も終わったが、共産主義革命を恐れる日米はなおも居座《いすわ》り、イギリス・フランスも加わる。しかし、ソ連内での赤軍の優位が日増しに明らかになると、アメリカは一九二〇（大正九）年一月に、イギリス・フランスも同年六月にシベリアから撤兵した。しかし、日本だけは居座り続け、一九二二（大正十一）年十月になってようやく全軍を引き揚げたのである。

これにより、日本は列強から領土的野心を疑われることになる。それだけでなく、五年間にわたって戦費一〇億円を費《つい》やし、延《の》べ七万人を出兵させ、民間人も含め死者三〇〇〇人を超えたが、何も得るものがなかった。この「骨折り損のくたびれ儲《もう》け」には国民も気づき、政府は帝国議会で追及された。

●第四十一回衆議院本会議　一九一九（大正八）年一月二十一日

片岡直温《かたおかなおはる》議員　……結局出兵の数は、米国の出兵数の約十倍――十倍するところの大兵をシベリアに派遣されたように思います。……敵がどこに在ったのでありましょうか。どういう戦《いくさ》をしたのであります。別に敵は無《な》かりしように思われる。……かくのごとき大兵を動かすことの必要ありとすれば、当時臨時議会を開いて国民の賛同を得、国民をしてその必要を知らしめて、出兵する者も勇《いさ》んで出て行く、こういうことにならなければならぬ事柄であったと思うのであります。……

片岡は、このような大事には臨時議会を開いて帝国議会と国民のコンセンサスを得るべきであると、まことに開明的な主張をしている。片岡直温（一八五九～一九三四年）は、日本生命社長も歴任した憲政会の重鎮で、ハト派議員だった。ただし、昭和金融恐慌時の蔵相時の失言でも有名である（[9]「金融恐慌」で詳述）。

7 関東大震災

首相不在時の大災害

関東大震災については、詳述する必要はあるまい。それは一九二三（大正十二）年九月一日正午に関東地方を襲《おそ》った大地震で、被害の指標を集約すれば図表6の通りである。死者、家屋被害、工場被害は東京に集中し、神奈川の被害も想像以上に大きかったことがわかる。何と言っても政治・経済の中心である東京の機能麻痺《まひ》による不便、不都合は甚《じん》大《だい》で、この点では二〇一一（平成二十三）年の東日本大震災より衝撃は大きかったと言えよう。

しかも震災直前の八月二十四日、加藤友三郎首相はがんの悪化により、現職のまま死去。まさに政治的空白期に震災が起きたのだ。そして急遽《きゆうきよ》、臨時閣議が開かれ、山本権兵衛が後継首相に指名される。

図表6　関東大震災の被害状況

	死者	家屋全壊	家屋半壊	家屋焼失	工場被災
東京府	70,387人	24,469軒	29,525軒	176,505軒	314工場
神奈川県	32,838人	63,577軒	54,035軒	35,412軒	1,006工場
千葉県	1,346人	13,767軒	6,093軒	431軒	32工場
埼玉県	343人	4,759軒	4,086軒	0軒	28工場
茨城県	5人	141軒	342軒	0軒	0工場
栃木県	0人	3軒	1軒	0軒	0工場
群馬県	0人	24軒	21軒	0軒	0工場
山梨県	22人	577軒	2,225軒	0軒	2工場
静岡県	444人	2,383軒	6,370軒	5軒	123工場
長野県	0人	13軒	75軒	0軒	0工場
合計	105,385人	109,713軒	102,773軒	212,353軒	1,505工場

さっそく開かれた閣議において、臨時震災救護事務局が設置され、震災復興にあたる内相に後藤新平《ごとうしんぺい》が就任した。後藤は大風呂敷を広げて「復興予算に四〇億円を用意したい」と叫んで動き出す。しかし、当時の国家予算一五億円規模から比べてあまりにも非現実的な数字だったので、結局約七億円に圧縮された。

議事堂の損傷は軽微《けいび》であったものの被災者の収容に充《あ》てられたこともあり、帝国議会は開くことができなかった。

議会休会中でも内閣の初動が迅速であったことは、国会会期中であったが初動にもたついた東日本大震災とは対照的である。しかし、現在のようなマスコミや通信連絡手段が乏しく、朝鮮人や赤化《せきか》分子（共産主義者、社会主義者など）

の動向が不穏《ふおん》として、過大で間違った風評が飛《と》び交《か》い、一部無政府状態になってしまった。

震災後初の議会である第四十七回臨時帝国議会は、三カ月以上経《た》った一九二三（大正十二）年十二月十一〜二十三日にようやく開かれた。同議会では復興計画、追加予算、社会的混乱の収束が論議されたが、注目すべき議事を紹介しよう。まずは政治論議から。

●第四十七回衆議院本会議　一九二三（大正十二）年十二月十五日

永井柳太郎《ながいりゅうたろう》議員　……本員は時局重大の時にあたりまして、山本総理大臣が七十有余歳の老軀《ろうく》をかかげて国難《こくなん》にあたらんとせらる勇気を多《た》とする者であります。しかし本議会における山本伯《はく》［伯爵］の一昨日来のご演説ならびに議員の質疑に対するご答弁を承《うけたまわ》りまするると、その多くはただただ簡単なる行政事務の報告にすぎず、……大議論に接し得ざりしことを、本員はすこぶる遺憾とするのであります。（拍手）……震災直後に発生したる［朝］鮮人《せんじん》事件に対し、なぜに政府は哀悼《あいとう》の意を表《ひょう》しかつその遺族を慰安するために最善の方法を講ぜざるか……政府はこれらの朝鮮人を保護し指導し、教化することにおいて全力を尽《つ》くさなければならないのでありまして、

平常の時におけるよりも、非常の時において、ことにそのことが大切なのでありま
す。……

粕谷義三《かすやぎぞう》議長　ただ今の永井君のご演説中には、はなはだ穏《おだや》かならざる言語があったように思います。（「議長、議長、議長」と呼ぶ者あり）よく速記録を調査いたしましたうえで相当の取《と》り計《はか》らいをいたします。（「ヒヤヒヤ」）

山本権兵衛総理大臣　……ところがその当時の出来事はほとんど想像することのできぬ程のことがございます。ゆえに内外人に対しましても数多《あまた》の不祥事を惹起《じやつき》しました。さて、この結果は高等警察ならびに司法警察におきまして相当の手段を取って、すでに調査進行中でござります……

山本権兵衛は、前述のジーメンス事件で一九一四（大正三）年三月に首相を辞してから、一〇年ぶりの政界復帰であり、この時七〇歳を超えていた。

永井柳太郎（一八八一〜一九四四年）は大隈重信一派で、早稲田大学では弁論部に所属、卒業後オックスフォード大学に留学した党人派《とうじんは》の政治家である。永井の質問内容は、震災直後の朝鮮人虐待や中国人冷遇を非難するいっぽう、遠大な復興計画よりも今日明日の被

災者救援の具体的施策を要求するものである。山本首相の答弁も月並みすぎるが、永井の舌鋒《ぜっぽう》も激しすぎる感がある。

緊急勅令に反発した議員

政府としては、この緊急時に対応するため、早急なる立法・行政が求められたので、次の帝国憲法第八条を援用して、勅令を発して対処した。

第一章　天皇

第八条一、天皇は公共の安全を保持し、またはその災厄《さいやく》を避《さ》くるため、緊急の必要により帝国議会閉会の場合において法律に代わるべき勅令を発す。

二、この勅令は次の会期において帝国議会に提出すべし。もし議会において承諾せざる時は政府は将来に向けてその効力を失うことを公布すべし。

政府は合計一六の勅令を発して、非常事態に対応した。そのなかでも、戒厳令《かいげんれい》がらみの勅令、これが不要となって廃止した勅令、支払猶予《ゆうよ》に関する勅令が重要である。政府は震災後初の第四十七回帝国議会において、今さら議会にかけるまでもなかろうと高《たか》を括《くく》ったが、「それは憲法違反、議会の機能無視ではないか」と一議員《いち》から執拗《しつよう》な質疑が起こったのだ。

●第四十七回衆議院本会議　一九二三（大正十二）年十二月十九日

原夫次郎《はらふじろう》議員　……かの緊急勅令中、現内閣においてすでに事後承諾を求むるにおよばざるものとして、閣議を決定いたしたということを仄聞《そくぶん》いたしておるのでありますが、その仄聞したるところの不提出の緊急勅令三件、すなわちかの戒厳令の一部適用に関する緊急勅令、ならびにこの緊急勅令を廃《はい》したる緊急勅令、なお他に支払猶予に関するかの「モラトリウム」に関する緊急勅令、この三緊急勅令について不提出の意見を持っておるということでありますが、……かの大震災以後応急の手段として緊急勅令を発したるもの合計十有六件になっておるのであります。……もし政府所見のごとくこれを提出せざるにおいては、とりもなおさずわが帝国議会の審議権を蹂躙《じゅうりん》することとなる案件であります。……

松本烝治《まつもとじょうじ》政府委員　……憲法第八条は「公共の安全を保持しまたはその災厄を避く

るため」とあります。……緊急勅令は非常時における非常手段であります。……廃すべきときはすみやかに廃することが、すなわち公共の安全を保持する所以《ゆえん》であろうと思います。……

帝国議会の通常会期は九〇日と短く、確率的に緊急事態は会期外に起こることが多い。日清戦争・日露戦争の勃発も通常会期外であり、事後に臨時帝国議会を開き、開戦のやむない事情を政府側はよく説明し、議員側も十分納得した。関東大震災も緊急事態なのだから、その時に発した勅令や、それを廃した勅令なども事後議会で十分説明しなければならないというのが原夫次郎の主張であった。

東日本大震災との比較

二〇一一（平成二十三）年三月十一日午後二時四十六分に発生した東日本大震災は、被害が比較的少なかった首都圏さえ、テレビの実況映像、帰宅困難者となった経験、輪番《りんばん》停電などによって、今も記憶に生々《なまなま》しい。

この大地震は、主に津波による被害と原子力発電所のメルト・ダウンによる被害が二大要因となって、多数の犠牲者、多数の家屋喪失、広範囲の避難地域、鉄道・道路・ガス・水道など各種インフラの破壊、漁港・工場・学校・店舗など各種施設の崩壊……など総被害は甚大で、復旧は二〇一六年現在も道半ばである。

関東大震災と違い、国の政治・経済が停止することはなかったが、行政と立法は次のように動いている。

二〇一一年三月十一日　地震発生二十八分後、政府は緊急災害対策本部を設置。
　　　　　十四日　震災対応特別措置法の早期成立が与野党間で合意。
四月十一日　政府は東日本大震災復興構想会議を設立。
六月二十四日　東日本大震災復興基本法を公布・施行。
七月二十五日　第二次補正予算（約二兆円）が成立。
十一月二十日　第三次補正予算（約一二兆円）が成立。
十二月七日　東日本大震災復興特別区域法が成立。
　　九日　復興庁設置法が成立。

これらに対応して、国会ではどのような議論になっていたかを見てみたい。地震当日の三月十一日は、第百七十七回通常国会（一月二十四日〜八月三十一日）会期の最中であった。しかし、衆議院本会議は通常の議題で満載であったため、大震災対応は主に臨時特別委員会である東日本大震災復興特別委員会（五月二十日〜八月三十一日）で行われた。

同委員会の二回目会合では、時の政権与党である民主党と下野《げや》していた自民党の面々が、何かにつけて敵愾心《てきがいしん》を燃やして論議している。

●衆議院東日本大震災復興特別委員会　二〇一一（平成二十三）年五月二十三日

石破《いしば》茂《しげる》委員　……今度は、北海道から関東まで非常に広い範囲におよんでいる、財政力は脆弱《ぜいじやく》である、農林水産業を持っている、少子高齢化である、……次の生活の糧《かて》を得る職場もないということであります。かてて加えて原子力災害であります。こういうような状況で、阪神・淡路《あわじ》大震災のスキームがうまくいったからといって、それを踏襲するというのは、認識において大きく誤《あやま》っておる、……それが一点。……私も被災地に行きましたが、私たちは、あっち行けこっち行けと言われるのは仕事じゃない、ここへ行けば全部済《す》むんだというワンストップ型の官庁がほしいんだということであります。……国が責任を持つということが必要であります。……これが二点。第三点目は、……阪神・淡路大震災の時と比べて、国の債務自体三倍を超えております。……当然のことでありますが、震災復興以外の無駄なお金は徹底的に削《けず》るということを明記いたしております。

谷垣禎一《たにがきさだかず》委員　……これをワークさせるためには、相当強力な政治力がなきゃいけない、それから官僚機構を使いこなすということができなければいけない。……菅《かん》［直《なお》人《と》］政権に、はたしてこのわが党案が身《み》の丈《たけ》に合ったものであるのかどうか、私はこれが最大の欠点である、実はこのように思っているわけでございまして、……福島第一原発をどう安定化していくかという道筋がまだきちっと描《えが》けていない、……初動における……ミスがあったのではないかという疑問を、……ぬぐい切れません。特に、先週末より、一号機への海水注入をめぐって、総理の指示で中断をしたのではないかというような報道がございます。……三月十二日の十八時、……この官邸で行われた会議、……これがどういう位置づけで、何を議題としたものであったのか、うかがいたいと存じます。

菅直人総理大臣　……私どもも基本法を出して、そして自由民主党におかれましても党としての案を出していただきました。……御党《おんとう》の提案の中でいい部分についてはしっかり受けとめさせていただきたい、このように考えております。……地震発生の十一日において、緊急災害対策本部を立ち上げ、同時に、原子力事故が発生をいたしました中で、原子力災害対策本部を立ち上げ……この問題では、東電［東京電力］の官邸に詰めていただいた責任者、安全・保安院のメンバー、原子力安全委員会の委員長をはじめ委員の皆さん、私、あるいは海江田《かいえだ》［万里《ばんり》］大臣、あるいは補佐官、そういったメンバーが相当、多少断続はありますけれども、一つの部屋に会《かい》して、東電から入るいろいろな状況を踏まえて、どのように対応すべきか、……継続して相談し、そして必要な指示を出していた、こういうことであります。

自民党党首・谷垣と同政調会長・石破が、民主党党首兼首相・菅と火花を散らしているのがわかる（役職は当時）。確かに、菅政権の判断ミスも否定できないが、自民党側は言外に民主党を「政治力欠如」「官僚を使いこなせない」と皮肉を込めて非難しているのである。

国会議事録の検索用語で「阪神・淡路大震災」と入れると二六〇三件が出てくるが、最

図表7　震災と復興予算

	発生	復興予算	国家予算	比率
関東大震災	1923(大正12)年９月	約７億円	約15億円	約45%
阪神・淡路大震災	1995(平成７)年１月	約10兆円	約75兆円	約13%
東日本大震災	2011(平成23)年３月	約33兆円	約100兆円	約33%

近はすべて東日本大震災への対応論議のなかで「阪神・淡路大地震の教訓を生かして——」というような使われ方である。すなわち、国会での実質論議は終わっている。

これに対して「東日本大震災」と検索すると二九〇八件で、今後もその対応策のなかで、この用語は国会論議のなかで頻繁《ひんぱん》に使われていくだろう。この災害が甚大であったことがうかがわれる。

復興予算

それでは、関東大震災、阪神・淡路大震災、東日本大震災の復興予算を見てみよう（図表7）。所要予算額は複数年にわたる総額であるが、当時の単年度国家予算規模と対比してもいかに大きな災害であったかがわかる。

東日本大震災に際しては、時の民主党政権はもたつきながらも、二〇一一（平成二十三）年から五年間にわたり、総額約二〇兆円の復興予算を策定した。そのうち約一一兆円を復興増税（所得税、住民税、法人税）

によって賄《まかな》うことは、国家（国民）の合意が得られた。

その後、二〇一二（平成二十四）年十二月に自民党・安倍晋三《あべしんぞう》政権に代わったが、復興予算所要額はだんだんと膨張して二〇一五（平成二十七）年時点で約二六兆円となり、今後の所要額も入れると三三兆円に達しそうな勢《いきお》いである。

もちろん、予算というものは膨張が避けられないものかもしれない。しかし、予測される南海トラフ地震などを考えると、もっと引《ひ》き締《し》めないと収拾がつかなくなるとの指摘が国会でなされている。見てみよう。

●第百八十九回衆議院予算委員会　二〇一五（平成二十七）年二月二十日
松浪健太《まつなみけんた》委員　……今回の東日本大震災の、十六兆九千億円が壊《こわ》れたと。……阪神・淡路大震災の時も九兆六千億円だったので、最初に十兆円ぐらい予算をつけて、そこから積《つ》み増して、最終的に十六兆円になった。今回も、民主政権の時は十六兆九千億円だった。……これが自民党政権になって……今二十五兆円まで膨張をしてきたということであります。しかし、見ていただきたいのは、特に南海トラフ巨大地震の、これは内閣府の検討ワーキンググループの試算でありますけれども、……総理、この百六十九兆五千億円を見た時に、復興予算というものははたして今までのようにかけられるとお思いになりますか。

…

被害総額の算定方法の妥当性《だとうせい》、これまでに投下された復興予算の適正性、民間に対する補償のあり方云々《うんぬん》を徹底検証して行うべきである。……

この膨大な東日本大震災復興予算が、純粋な復興資金にだけでなく、被災地以外の道路整備、官庁施設、公営住宅の耐震化、中小企業の設備投資などに流用されているという指摘が、国会の内外でしきりにされている。これは、九〇年前の関東大震災時、震災手形制度が他使途へ流用された歴史を想起させられる事例であろう（「9 金融恐慌」で詳述）。

8 治安維持法

共産主義は恐ろしい!?

政府は明治維新以来、社会主義的活動に対して新聞紙条例（一八七五年）、集会条例（一八八〇年）、保安条例（一八八七年）、治安警察法（一九〇〇年）などで規制をかけてきた。しかし一九一七（大正六）年のロシア革命とその後のマルクス理論の流入には、共産主義の脅威というはっきりした形の警戒感が生まれた。

そのため、政府は一九二〇（大正九）年から治安警察法に代わる治安立法の制定に着手、一九二二（大正十一）年に司法省主導で過激社会運動取締法案が帝国議会に提出された。しかし、適用についてのきちんとした歯止めがない、として衆議院で廃案となる。

その後、一九二三（大正十二）年の関東大震災における治安悪化を体験。さらに、一九二五（大正十四）年一月の日ソ基本条約締結によるソ連との国交樹立により、共産主義の流入がいっそう懸念《けねん》されるようになった。同年、政府懸案の治安維持法がついに帝国議会を通過する。政府は政治的言動について〝飴《あめ》と鞭《むち》〟を考えており、二五歳以上の男性全員に選挙権を与える普通選挙の実施(一九二八年)と政治的取引をした感《かん》が強い。この治安維持法の重要条文を見ていただこう。

第一条 一、国体《こくたい》[国のあり方、国家の根本体制]を変革しまたは私有財産制度を否認することを目的として結社を組織し、また情《じょう》[事実]を知りてこれに加入したる者は十年以下の懲役または禁錮《きんこ》に処す。

第二条……実行に関し協議をなしたる者は七年以下の懲役または禁錮に処す。

第三条……実行を扇動《せんどう》したる者は七年以下の懲役または禁錮に処す。

第四条……騒擾《そうじょう》、暴行その他生命、身体または財産に害を加《くわ》うべき犯罪を扇動したる者は十年以下の懲役または禁錮に処す。

第五条……金品《きんぴん》その他の財産上の利益を供与しまたはその申込みもしくは約束をなしたる者は五年以下の懲役または禁錮に処す。情を知りて供与を受けまたはその要求もしくは約束をなしたる者また同じ。

議員の反対

この政府提出法案は第五十回会期の衆議院治安維持法委員会で練《ね》られたうえ、三月八日の衆議院本会議に諮《はか》られた。議員たちの本件への関心はきわめて高く、議事録には質疑・意見が溢《あふ》れている。類似の発言も多いので、三月八日の議事録から法案に反対の発言に絞って掲載した。

●第五十回衆議院本会議　一九二五（大正十四）年三月七日

前田米蔵《まえだよねぞう》委員長　……本案は諸君もご承知のごとくに、政府は無政府主義、共産主義を取り締まらんがために、その危険防止のために今回立案提案せられた法案でありま す。……まず本案におきまして劈頭《へきとう》問題に相《あい》なりますものは、すなわち国体の変革、政体の変革、私有財産制度の否認ということはどういうことであるかということに相なるのであります。……

田淵豊吉《たぶちとよきち》議員　……法治国の日本において、憲法が厳然《げんぜん》としてあり、諸法規がここにあるのに、何がゆえにかくのごときものを出されたというところのこの政治的の理想において、主義において私は解《かい》しないところが多いのでございます。……

菊池謙二郎《きくちけんじろう》議員　……従来の政府のやり方を見ると、……一度「ブラックリスト」に入るものは目を仄《そばだ》て袖《そで》を引いて国民もこれを視《み》る。官憲のごときはことにその生活を脅迫するような圧迫を加えて……無政府主義者、共産主義者をますます多からしめ、あるいは彼らの徒《と》を激発せしむるのである。……

原惣兵衛《はらそうべえ》議員　……かように何ら国民の思想問題に対して根本的に直すということを考えないで、単にこの法案を出して、……国法の力によってこれを強圧して足れりというお考えは、根本的に私はその点において足らない点をはなはだ憾《うら》みとする次第であります。……

湯浅凡平《ゆあさぼんぺい》議員　……第四十五議会におきましては、過激社会運動取締法案なる名の下《もと》にほとんど本案とその趣旨、目的および思想においてまったく同一であるところの法案が提出いたされました。しかしてこの法案の提出されたるにあたって、国論は囂々《ごうごう》としてこれに反対を唱え、その結果が、あらぬか、……すなわちこの過激法案なるものは、貴族院において大修正を加えられたけれども、衆議院において消滅をいたしたるところの案件であります。……

横山金太郎《よこやまきんたろう》議員　……世間の人々は口を開けば、ややもすれば本案を目《もく》して悪法なりと罵《ののし》られるのであります。ことに今日《こんにち》のごときこの芝公園《しばこうえん》において本法成立に対する反対の民衆大会が開かれておりまして、そのビラを読んでみまするると、真《しん》に治安を紊《みだ》し、社会の不安を醸《かも》すは支配階級の専制政治にあらずやと言うがごとき意味を表明せられておるのであります。

武藤山治《むとうさんじ》議員　諸君私は政府が本案をご提出になりましたご意思および本案の目的とするところには全然賛成する者であります。しかるに私が本法案が法律となることに反対する理由は、わが国の治安を維持する方法について、その緩急のうえに政府と所見を異《こと》にするがためであります。……

冒頭の説明者・前田米蔵委員長は後年、翼賛《よくさん》政治会（一九四二年、東条英機《とうじようひでき》首相の提唱により結成された挙国一致を目的とした政治団体）の筆頭総務を歴任するなど、完全な保守主義者であった。いっぽう、質問者側を見ると、田淵はリベラルな国際派、菊池は教育者、原は弁護士出身の国際派、湯浅は実業界出身、横山は弁護士出身、そして武藤は元鐘《かね》紡《ぼう》社長の財界人、と見識者揃いであった。

政府が思想や言論の締めつけを図《はか》ると、知識人たちは温度差こそあれ、率直に反発したのである。結局、治安維持法は成立するが、大正末期の帝国議会では、議員たちはかなり自由闊達に論議できていたことをおわかりいただきたい。

治安維持法はその後、一九二八（昭和三）年に第一次改正、一九四一（昭和十六）年に第二次改正が行われ、取り締まりが強化された。

同法が成立した一九二五（大正十四）年から廃止された一九四五（昭和二十）年までの二〇年間に、日本国内では六万人以上が逮捕され、うち約一〇パーセントが起訴された。死刑判決を受けた者はないが、小林多喜二《こばやしたきじ》のように拷問《ごうもん》や虐待で約二〇〇名が、獄中で約一五〇〇人が死亡したと言われている。なお、日本が統治した朝鮮では主に民族独立運動で二万三〇〇〇人が検挙されている。

治安維持法の亡霊・破防法《はぼうほう》

戦後、治安維持法は廃止されたが、その後継法と悪評高いのが、一九五二（昭和二十七）年公布の破壊活動防止法（略称・破防法）である。

戦後の混乱も冷《さ》めやらない一九四九（昭和二十四）年、集団的な過激行動を抑えるため、形式的には帝国憲法下の勅令として、実質的にはＧＨＱ（連合国軍最高司令官総司令部）統治下で、団体等規正令が制定された。ところが、一九五二（昭和二十七）年五月一日に皇居前で行われたメーデーで死者が出たため（血のメーデー事件、写真6）、団体等規正令の後継立法として同年七月に施行されたのが、破壊活動防止法である。

当時の第三次吉田茂《よしだしげる》内閣の下《もと》、国会では同法をめぐって大荒れだった。衆議院では、社会党左派、労働者農民党、日本共産党（以下、共産党）は自分たちの社会主義革命が大きく阻害されるとして断固反対、「吉田内閣は米国帝国主義の手先」と叫んだ。社会党右派は自民党の出した原案に対して修正案（「扇動」「文書所持」条項の削除と「乱用の罰則」を追加）を提出した。

参議院では、与党・自由党は過半数に満たなかったが、緑風会《りよくふうかい》の条件つき賛成で何とか通過した。その条件とは「国民の基本的人権に重大な関係があるので、公共の安全の確保に必要最小限に適用すべきである。いやしくも拡大解釈・適用をしてはならない」というものであった。

このような経緯を経て、自由党原案から「緊急検束」「強制捜査」「雇用制限」「政治団体の報告義務」「解散団体の財産没収」「扇動文書の保持者の取り締まり」といった文言を削除して、参議院・衆議院共に何とか通過、成立した。ゆえに、原案から牙《きば》を抜かれた状

写真6 血のメーデー事件

1952(昭和 27)年5月1日、皇居前広場

態ではあった。

破防法の実際の適用例はさほど多くない。一九六一（昭和三十六）年の三無《さんむ》事件（川南《かわなみ》工業社長・川南豊作《とよさく》を首謀者として旧陸軍出身者らが三無＝無税・無失業・無戦争を唱え、政府要人の暗殺を企《くわだ》てた）、一九七一（昭和四十六）年の渋《しぶ》谷《や》暴動事件（沖縄返還は賛成するが米軍基地の存続条件に反対した沖縄返還協定阻止闘争に端《たん》を発した。死者一人）などに適用され、首謀者らは逮捕・起訴された。

しかし、これらの事件よりも被害が大きかった、オウム真理教による一九九五（平成七）年の地下鉄サリン事件（サリンを使用した同時多発テロ事件。死者一三人）では、公安調査庁は適用を求めたが、公安審査委員会は却下した。

これに適用できないならいったい何に適用できるのだ、という非難の声も上がった。

治安維持法も、破防法も、それぞれ帝国議会と国会において大きな論議を呼び、政府提案に対して議員たちの抵抗が大きかったが、それら反対勢力は前者では一般知識人、後者では左翼が主体であったことが大きく異なっている。それでは、破防法案の説明が行われた国会議事録を紐《ひも》解《と》いてみよう。

●第十三回衆議院本会議　一九五二（昭和二十七）年四月十七日

木村篤太郎《きむらとくたろう》司法大臣　……現下《げんか》国内の治安状況を顧《かえり》みまするに、……集団暴力により、またあるいはゲリラ戦法により警察および税務署等を襲撃して、放火、殺傷等の犯罪をあえてする暴力主義的破壊活動が、ひんぴんとして各地に行われておるのであります。しかも、これらの破壊活動の背後には、憲法およびその下《もと》に成立した政府を武装暴動によって転覆《てんぷく》することの正当性を主張し、……暴力の行使を扇動する不穏な文書が組織的に配布されているのであります。……これら一連の事犯《じはん》は、広汎《こうはん》かつ秘密な団体組織によって指導推進されている疑いを深めざるを得ないのであります。

……かかる理由から、今日《こんにち》この種《しゅ》、破壊活動の危険を防止するための最小限度の立法が当面緊急の課題となるのであります。……

大西正男《おおにしまさお》議員 ……いわゆる治安立法におきましては、……それが重大な弊害をともなって発生するものであることは、過去の歴史の実績に徴《ちょう》し、きわめて明らかなところであります。（拍手）……わが国の、しかもきわめて近い過去の歴史に徴しましても、たとえば治安維持法その他の法令の運用の実績が、明らかにわれわれに証明するところと言わなければなりません。……この破防法の提案いたされました今日ならびに現下の情勢は非常事態にあるものと予想せらるるものなりやいなや、総理大臣のご所見をうかがいたいと思うのであります。

一九五二（昭和二十七）年当時は、現在と比べると世の中が騒然としていた。論議のなかに、戦前の治安維持法が引き合いに出されていることが注目される。当時は一九二五（大正十四）年の治安維持法の制定から、二七年しか経《た》っていなかったのだ。

第三章

恐慌とテロの時代

9 金融恐慌

三重苦

未曾有《みぞう》の好況に沸《わ》いた第一次世界大戦が終わると、一気に反動不況となった。さらに一九二三（大正十二）年九月に関東大震災が襲い、その傷跡《きずあと》が完全に癒《い》えない一九二七（昭和二）年に起こったのが、金融恐慌である。

関東大震災後、政府は、震災の影響で支払不能になった震災手形を、市中の銀行→日本銀行（中央銀行）→政府という金融システムのなかで引き受ける特別措置を取った。具体的には、震災手形二法（震災手形善後《ぜんご》処理法および震災手形損失補償公債法）の時限立法を行った。

そもそも、「震災手形」と銘打《めいう》つ手形があるわけではない。一般に流通する手形のなかで、震災の影響で支払不能になった手形を対象とした。しかし、震災によるものか否《いな》かの仕分《しわ》けは難しく、そこに震災と関係がない、支払不能の手形が大量に紛《まぎ》れ込む。その多くを占めたのが、鈴木商店が振り出したものだった。

鈴木商店は第一次世界大戦で急成長、三井・三菱の二大財閥を凌駕《りょうが》する勢いだった。大戦後も物価は騰貴《とうき》を続けると読み、鉄、小麦、船舶などの大量の投機買いに走ったが、それらはまもなく大幅に下落した。その結果、手形の多くが決済不能になってしまう。鈴木商店とその主力銀行の台湾銀行は、震災手形としてこれらを処理していたが、やがて銀行の取り付け騒ぎ（後述）が起き、金融恐慌となった。そして台湾銀行は鈴木商店への融資を打ち切り、鈴木商店は破綻した。

大戦後の反動不況は世界的な景気サイクルとして必然だったが、そこに日本独自の要素として関東大震災と鈴木商店・台湾銀行問題という、二つの要因がからまったのである。

一九二六（大正十五）年九月に蔵相に就任した片岡直温は、この経済的苦境の克服と円を金本位制に戻す金解禁を目指して、経済・金融政策に意欲的に取り組んだ。当時は経営基盤が脆弱《ぜいじゃく》な銀行が多かったため、銀行法を改正して銀行の整理統合を図《はか》ろうともした。

そのようななか、第五十二回帝国議会が一九二六（昭和元）年十二月二十六日に開幕した。予算委員会は最初から白熱した。そこで、片岡蔵相の不注意な発言から大問題が発生するのである。

●第五十二回衆議院予算委員会　一九二七（昭和二）年三月十四日

吉植庄一郎委員《よしうえしょういちろう》　……この二億七千万円の中に、鈴木商店、その関係のものがどれだけの震災手形を出しておるかということを明らかにすることは、端的《たんてき》に本問題を国民の疑いの眼よりあからさまにする一番の近道である。……多数の経済界の人々、多くの銀行を救済するのが目的だという美名の下《もと》になっておるが、その実《じつ》は鈴木商店を中心としたその巨額の手形、およびその手形を持って困っておる特殊銀行を助けるのだというのだ。……今日の国民新聞の報ずるところによると、……台湾銀行に鈴木商店の債務は三億一千万円以上あると書いてある。……

片岡直温大蔵大臣　……今日正午頃において渡辺銀行［東京渡辺銀行］がとうとう破綻をいたしました。これもまことに遺憾千万《せんばん》に存じますが、これらに対しまして預金は約三千七百万円ばかりでございますから、これらに対して何とか救済をしなければならぬと存じますが、……

この渡辺銀行問題が発火点となり、翌日の議事に続く。

●第五十二回衆議院予算委員会　一九二七（昭和二）年三月十五日

三土忠造《みつちちゅうぞう》委員　昨日……大蔵大臣のご答弁がありました際に、渡辺銀行が破綻したということを声明されたのと、それから震災手形の問題は、国民に何ら関係ないというようなことを言われました。一つは私まことに軽率のような感《かん》をいたしたのでありまます。一つはいかにも乱暴きわまるご陳述であると存じまして、……渡辺銀行が破綻をするということは、私共《わたくしども》昨日ここで大蔵大臣より承《うけたまわ》るまですこしも聞かなかったのであります。……渡辺銀行が……大蔵省へ飛び込んで来たことは事実と思います。しこうして田《でん》［昌《あきら》］事務次官がそれを聴いて非常な重大事と思って、大蔵大臣にこれを報告することも、またこれは当然なことであります。そこで大蔵大臣がその報告を得て、ただちにこれを議会で発表するということは、私は非常な軽率であると思う。

実は、東京渡辺銀行は片岡蔵相の発言当時、営業中だった（資金繰《ぐ》りは厳しかった）。ところが、この失言により休業、破綻してしまう。そして、ほかの銀行にも多くの預金者が殺到、取り付け騒ぎが起きて大混乱となったのだ。台湾銀行も休業に追い込まれた（のち再建）。

金融恐慌への対処

このような混乱もあり、一九二七（昭和二）年四月十七日に若槻礼次郎《わかつきれいじろう》内閣は総辞職した。組閣の大命《たいめい》が下ったのは陸軍出身で長州閥に属した立憲政友会（以下、政友会）総裁・田中義一《たなかぎいち》であり、蔵相に就《つ》いたのは同前総裁、元首相・高橋是清《たかはしこれきよ》（写真7）であった。高橋は、その風貌から「だるまさん」と愛称され、国民に人気があった。

高橋はこの経済混乱を収めるには強力な即効薬が必要と判断、関東大震災の時に政府が活用した帝国憲法第八条に規定された勅令を思いつく。そして信用不安と取り付け騒ぎを抑えるために、勅令によるモラトリアム（支払猶予令）を発令した。

まず五〇〇円以上の支払い（預金引き出し）を一時的に禁止した。同時に二〇〇円札を大量に刷って各銀行に配布、それを窓口に積《つ》ませて預金者を安心させたのである。まもなく開かれた第五十三回の帝国議会において、高橋蔵相は同勅令の事後承認を求めた。

●第五十三回衆議院本会議　一九二七（昭和二）年五月五日

昭和二年勅令第九十六号　朕《ちん》ここに緊急の必要ありと認め、枢密顧問の諮詢《しじゅん》を経て帝国憲法第八条第一項により私法上の金銭債務の支払延期および手形等の権利保存行為の期間延長に関する件を裁可《さいか》しこれを公布せしむ。

　御名御璽《ぎょめいぎょじ》　昭和二年四月二十二日

高橋是清大蔵大臣　ただ今上程《じょうてい》になりました昭和二年勅令第九十六号の事後承認を求むる件につきまして、簡単に説明をいたします。わが財界は三月中旬以来銀行の休業続出の影響を受けまして、去る四月二十日前後において人心《じんしん》の不安その極度に達したことは、すでに申し述べた通りでありまして、……政府はこの事態に鑑《かんが》み、……急遽《きゅうきょ》帝国議会を開くことに決したのでありますが、帝国議会の開会には相当の時日《じじつ》

写真7　高橋是清

有爵者大礼服を着用

を要し、……取りあえず応急の処置として本緊急勅令、すなわちいわゆる支払延期令の公布を仰《あお》いだのであります。……憲法の条章《じようしよう》の定《さだ》むるところにしたがいまして、本令の事後承認を求むる次第であります。……

森田茂議長《もりたしげる》　……ご異議ありませぬか。（「異議なし」「異議なし」と呼ぶ者あり）

森田議長　ご異議なしと認めます。よってその通り決します。これにて政府案は議了いたしました。

勅令は無事、帝国議会の事後承認を得た。そして、昭和金融恐慌も急速に収束していったのである。

歴史に学んだリーマン・ショック

リーマン・ショックとは二〇〇八（平成二十）年九月十五日にアメリカの投資銀行であるリーマン・ブラザーズの破綻に端《たん》を発して、続発的に世界的金融危機が発生した事態を総称したものである。

負債総額約六〇〇〇億ドル（当時の換算で約六四兆円）という史上最大の倒産を防ごう

と、アメリカ財務省や連邦準備制度理事会（ＦＲＢ）が複数の大手金融機関（バンク・オブ・アメリカ、メリルリンチ、バークレイズなど）にリーマン・ブラザーズ買収を交渉したが、負債の大きさと各行の余裕のなさから、すべて不調に終わり、破綻を免《まぬか》れなかった。

リーマン・ブラザーズの根本的な過《あやま》ちは、サブプライム・ローンを過大評価して、資金を注入しすぎたことにある。

二〇〇一（平成十三）〜二〇〇六（平成十八）年頃の住宅価格の上昇を背景に、低所得者層も住宅投機に走った。たとえばローンで住宅を購入すると、それを担保にもう一軒建てる。これに対して、銀行は借り手の信用力以上の貸付をしたことになる。このような優良（プライム）より下位（サブ）の住宅ローンが集約・証券化され、多種の証券と複雑に組み合わされ、アメリカだけでなく国外にも売り出された。

その結果、一時的に空虚なバブルが現出されたが、二〇〇七（平成十九）年頃から不動産価格・住宅価格が反落すると、サブプライム・ローンやそれを組み込んだ証券は大幅に下落、投げ売りが続いた。さらに、金融工学と称した、経営哲学を欠く単なる高等数学が幅を利《き》かせたディーリングによって、それが増幅されて、市場はコントロール不能となり、破綻は加速していった。

日本の金融機関はサブプライム・ローンにあまり手を出さなかったので、被害はさほどではなかったが、アメリカの経済失速は世界中に株価の下落、消費の落ち込み、経済成長の悪化を巻き起こし、日本も大きな影響を受けた。不況で行き場を失ったマネーが比較的安定していた円《えん》に向かったために円高となり、輸出品価格が跳《は》ね上がり、消費の落ち込みにさらなる拍車をかけ、輸出関連企業の株価を下げるといった悪循環が生じたのである。

その時、日本政府の対応がどうであったのか、リーマン・ショックの次月の国会における論議を見てみよう。

●第百七十回衆議院予算委員会　二〇〇八（平成二十）年十月六日

長妻《ながつま》昭《あきら》委員　……はじめはリーマン・ショックと言われ、アメリカの金融不安をはじめ経済の問題がかなり拡大の様相を呈《てい》してまいりまして、日本経済への大きな影響というのも懸念されます。……特に地方金融機関への公的資金注入の仕組みの準備もきちっとしなきゃいけない。なぜならば、貸し渋《しぶ》り、貸しはがし対策の一環でもあると思います。

●第百七十回衆議院財務金融委員会　二〇〇八（平成二十）年十月二十九日

佐藤《さとう》ゆかり委員　……アメリカに次《つ》いでイギリスやドイツやフランスやイタリアもすべて、九月に、そのリーマン・ショックの直後に空《から》売り規制を強化しているわけでありますこういう中で、中川《なかがわ》［昭一《しょういち》財務大臣兼内閣府特命担当（金融）］大臣のほうは昨日ようやく空売り規制を強化されるという発表をされて、それを受けてだと思いますけれども、……諸外国が空売り規制を、欧米で一応軒並み九月に導入している時に、やはり遅すぎたのではないかという気がしてならないわけであります。……

現在は、昭和金融恐慌時と比べ、財政・金融理論やシステムが格段に進歩している。緊急な経済対応も国会に委《ゆだ》ねるのではなく、政府が財務官僚や日本銀行と相談しつつ実行されるケースが増えている。リーマン・ショック対策も、抵抗力の弱い中小企業の苦境や倒産を食い止めるための融資の返済保証の強化、金融機能強化法を軸に公的資金の金融機関への注入などの方策が行われた。

しかし、いくら時代が進んでも大局的判断がもっとも大事である。現在でも経済不況になるたびに、「今、あのだるまさんがいたらなあ」と思うのは筆者だけではあるまい。

10

満州事変

戦争のコスト・パフォーマンス

日露戦争の勝利で日本が得た果実は南樺太の領土、遼東半島の租借権、東清《とうしん》鉄道の南満州支線の鉄道権益であった。遼東半島は満州の突端の半島で大連《だいれん》と旅順を擁《よう》していた。その後、南満州支線の運営は一九〇七（明治四十）年に改めて南満州鉄道株式会社（略称・満鉄）という日本最大の半官半民の会社に委《ゆだ》ねられた。

満鉄は大連―新京《しんきよう》（現・長春《ちようしゆん》）間と奉天―安東《あんとう》間合わせて約一〇〇〇キロメートルの鉄道を運営するだけでなく、沿線両側を幅広く鉄道付属地として囲い込んでいた。そこでは、軍隊の駐留、警察、司法、徴税、教育、事業認可などの権益を確保、満鉄は鉱業、製鉄、商事、映画、放送、通信、調査立案などあらゆる事業に多角的に関与し、投資先は八〇社にも達した。

すなわち、南満州鉄道とは単なる鉄道会社ではなく、総合的な植民会社（行政権限を持ち、植民地経営を行った会社）だったのである。

そして、軍事力を備える関東軍と、事業経営を行う満鉄が車の両輪になって、日本の満州移民と満州開発を促進する体制となった。しかし、最初に日本軍が押さえ、日本人が自由に活動できたのは、遼東半島突端の関東州という狭い地域と鉄道付属地という帯状の地域であり、満州全土から見れば点と線にすぎなかった（図表8）。これでは、日本が満州から経済的果実を得るには心細かった。そこで、行われたのが満州事変だった。

図表8　日本の中国進出

関東州と鉄道付属地（1906〜1931年）

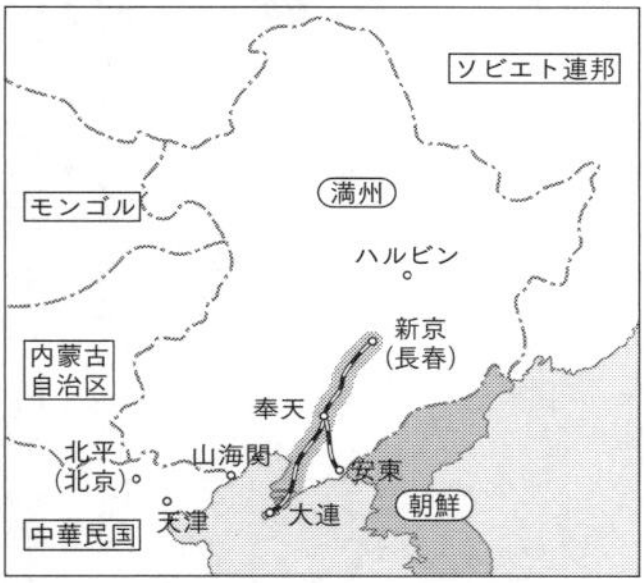

満州国（1932〜1936年）

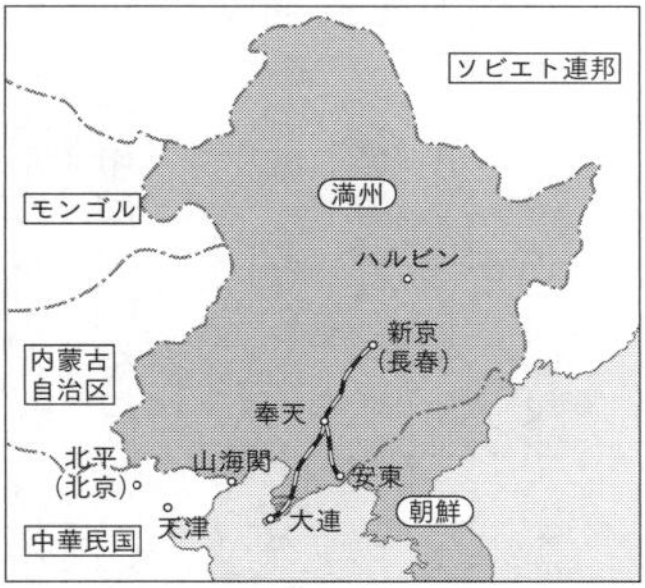

日中戦争（1937〜1945年）

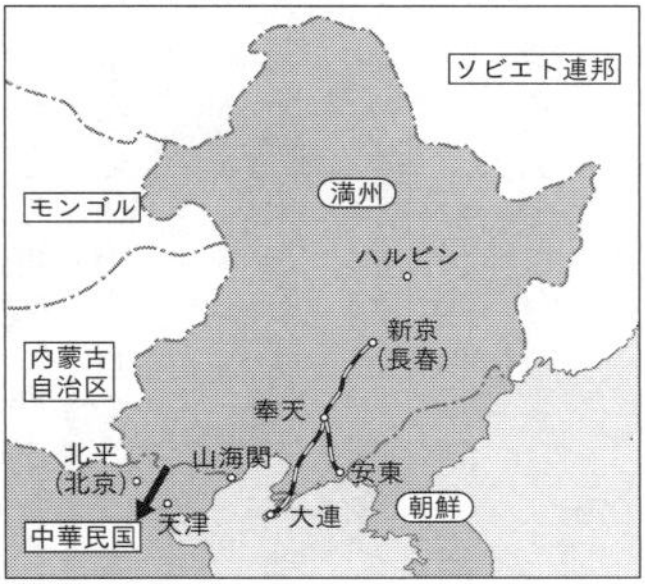

そもそも明治以来、日本が軍事力を先頭にして朝鮮、満州、中国などの地域に進出したのは何のためだったのか。日清・日露戦争は清国やロシアの脅威を除くためであった。ならば、その後の進出は何のためか。

「軍の自己増殖のため」では、合理的説明にならない。「過剰人口を解決する移民先の確保」も、説明の一部にしかならない。究極は貿易の増加、投資の拡大、資源の確保増などの経済的メリットを実現しなければ意味がないだろう。この点に関して、日中戦争時の斎《さい》藤隆夫《とうたかお》（「12 五・一五事件と二・二六事件」で詳述）の反軍演説の一部を引用したい。

●第七十五回衆議院本会議　一九四〇（昭和十五）年二月二日

斎藤隆夫　支那事変が勃発しましてからすでに二年有半を過ぎまして、……実にこの度《たび》の事変は、名《な》は事変と称《しょう》するけれども、その実《じつ》は戦争である。しかも建国以来未だかつて経験せざるところの大戦争であります。……これがためには、十万の将兵は戦場に屍《しかばね》を埋めておるでありましょう。……数十万の将兵は、悼《いたま》しく戦傷に苦しんでおるでありましょう。百万の皇軍《こうぐん》［天皇の軍隊＝日本軍］は今なお戦場に留《とど》まってあらゆる苦難と闘《たたか》っておるに相違ない。かくして得られたるところのこの戦果、かくして現れたるところのこの事実、これを眼中に置かずしては、何人といえども事変処理を論ずる資格はない。（「ヒヤヒヤ」拍手）……支那事変のためにどれだけ日本の国費を費《つい》やしたかということは私はよくわかりませぬ。……それらの軍費については一厘《りん》一毛《もう》といえども支那から取ることはできない。ことごとく日本国民の負担となる。日本国民の将来を苦しめるに相違ない。……

この頃は軍部の専横が著《いちじる》しく、日中戦争に真《ま》っ向《こう》から反対することは斎藤とてできなかった。そこで角度を変えて、人命、戦費を浪費する日中戦争を是認《ぜにん》したとしても、そこから得られる果実とのコスト・パフォーマンスは取れているのか、と問うているのである。では、満州事変ではどうだったのか。日本の満州経営の成否を、日本対満州貿易や満鉄の業績という〝通信簿〟によって判定してみよう。

図表9は日本の対満州貿易額の推移だが、合計額は一九二〇（大正九）年頃から一九二九（昭和四）年まで横這《よこば》いであり、一九三〇（昭和五）年、一九三一（昭和六）年は落ち込んでいる。また、図表10は満鉄の収益推移だが、益金《えききん》は一九三〇（昭和五）年から一九三一（昭和六）年にかけて目に見えて低下している。

図表9　日本の対満州貿易

年	輸出	輸入	合計
1915	22	28	50
1920	114	197	311
1925	102	177	279
1926	100	157	257
1927	91	132	223
1928	110	150	260
1929	124	166	290
1930	87	121	208
1931	65	90	155
1932	147	128	275
1933	303	168	471
1934	403	192	595
1935	426	217	643
1936	498	239	737
1937	612	425	1037
1838	855	399	1254
1939	1291	467	1758

※単位：100万円
（大蔵省『大日本外国貿易年表』より）

これについて、満鉄の社史では次のように説明されている。

「会社営業成績は創業以来年々《ねんねん》好転し、ことに昭和三年度には一般財界が世界的不況の渦中《かちゅう》にあったにもかかわらず著《いちじる》しく好調を示し……好配当率を持続した。しかるに昭和五年度に入ると世界的不況に加えるに銀貨の暴落、支那側鉄道の満鉄線包囲、輸出入貿易の不振などにより社線［満鉄］の輸送きわめて閑散となり……翌六年度に至っては財界の不況ますます深刻となり……同年九月における満州事変ならびに七年一月末における［第一次］上海《シャンハイ》事変の勃発による南支方面の排日貨抗日《はいにっかこうにち》運動の熾烈化《しれつか》などの影響を蒙《こうむ》り会社は前年以上の経済的難局に遭遇し営業収入はますます減退を来《きた》した。……満州国建国により治安の回復、銀貨の昂《こう》騰《とう》、満州中央銀行の設立にともなう幣制《へいせい》［貨幣制度］の統一による通貨の安定など諸条件の好転により昭和七年度に入るや再《ふたた》び活況を呈《てい》し、……昭和八年度における鉄道輸送成績のごとき創業以来の画期的記録を示し……翌九年度においてはこれを遥《はる》かに凌駕《りょうが》した。……昭和十年会社営業成績はいっそう好転し将来ますます発展を期待し得るに至った。」（南満州鉄道株式会社編『南満州鉄道株式会社三十年略史』）

図表10 満鉄の収益推移

	収入	支出	益金
1927（昭和２）年	231	194	37
1928（昭和３）年	240	198	42
1929（昭和４）年	241	195	46
1930（昭和５）年	188	166	22
1931（昭和６）年	187	174	13
1932（昭和７）年	246	185	61
1933（昭和８）年	248	205	43
1934（昭和９）年	271	224	47
1935（昭和10）年	302	253	49

※単位：100万円

（南満州鉄道株式会社『南満州鉄道株式会社三十年略史』より）

昭和初期の満州の状況を満鉄も関東軍もそのまま座視するわけにはいかない。そのために関東軍が計画し、起こしたのが、これから述べる満州某《ぼう》重大事件と柳条湖《りゅうじょうこ》事件なのである。

田中義一の死がもたらしたもの

中国では一九一二（明治四十五）年に清朝が倒れ、中華民国が成立すると、政権は孫文《そんぶん》、袁《えん》世凱《せいがい》、汪兆銘《おうちょうめい》、蔣介石《しょうかいせき》と目まぐるしく変わった。

満州では張作霖《ちようさくりん》が実権を握っていた。関東軍は張に親日政権を作らせようとしたが、不調に終わる。張は中国本土への野望を燃やして北京に入場するが、蔣介石軍に敗退して満州に戻ることになった。その間、反日色を強めた張を関東軍は見限り、北京から戻る彼の列車を一九二八（昭和三）年六月四日に爆破してしまう（満州某重大事件）。

この事件は関東軍司令長官・村岡長太郎《むらおかちようたろう》中将が発案し、河本大作《こうもとだいさく》大佐が実行したものであったが、事件後、真相を知った陸軍や政府は情報を懸命に隠す。事件半年後の帝国議会では、永井柳太郎議員が田中義一首相に次のように鋭《するど》く迫った。

●第五十六回衆議院本会議　一九二九（昭和四）年一月二十二日

永井柳太郎議員　……諸君、諸君がご承知の通り、事件の発生したる地域は、満鉄付属地であります。満鉄付属地に対しましては、わが日本の関東［軍］憲兵隊とわが関東省［州］警察とが各々《おのおの》その警備にあたっておるのである。……なぜこれらの調査書を公《おおやけ》にして、外国人の無責任なる中傷《ちゆうしよう》誹謗《ひぼう》を一掃《いつそう》せざるかと本員がたずねました時、総理大臣は答えて、今日《こんにち》まで政府の手に入っておる調査書は未だ確実と認むることができない……他日《たじつ》確実なる証拠を得たる時にこれを明瞭ならしむべしと答えられたのである。……半カ年を経過したる今日に至るまで、……日本の公明正大を天下に立証するに足るだけの調査すら出すことができないとすれば、……総理大臣、……陸軍大臣は、共にこの怠慢《たいまん》とこの無能力とに対してその責任を負うことの当然なるは言うを俟《ま》たないのであります。（拍手）……

しかし、田中首相からの明快な答弁はついに得られなかった。田中は本事件の実態を知ったうえでの苦悩の沈黙だった。田中は国際的な信用を保《たも》つために容疑者を軍法会議によって厳罰に処すべきと主張したが、陸軍の強い反対に遭《あ》ってはたせなかったのである。

昭和天皇は田中に対し「おまえの最初に言ったこと［容疑者の処罰］と違うじゃないか」と強く叱責、鈴木貫太郎《すずきかんたろう》侍従長にも「田中の言うことはちっとも判《わか》らぬ。もう聞きたくない」と漏《も》らしたため、田中は一九二九（昭和四）年七月二日に内閣総辞職した。

狭心症《きょうしんしょう》の既往があった田中に、天皇の叱責はこたえたようだ。同年九月二十九日、急性狭心症で帰らぬ人となった。田中の死は重大な意味を持つ。一つは、幕末期より勢力を保ち続けた長州閥の終焉《しゅうえん》である。もう一つは、田中への叱責に責任を痛感した昭和天皇が以後は政府の方針に口を挟《はさ》まないと決意したことである。

議会で歓迎された満州事変

父・張作霖の地位を継《つ》いだ息子・張学良《ちょうがくりょう》はのちに蔣介石と結び、国民政府の統治下、満州の実力者として君臨した。彼は中国・満州の国権復活《こっけん》運動を活発化し、激しい排日運動を起こす。具体的には満鉄の平行線を敷設したり、日系の工場を破壊したり、日本人への土地商租権の回収や森林伐採権・鉱山採掘権の否認など、多方面におよんだ。

一九三一（昭和六）年九月十八日、関東軍は奉天郊外の柳条湖で南満州鉄道の線路を爆破（柳条湖事件）、これを中国軍の仕業《しわざ》と発表して、ただちに満州全土の占領行動に移った。日本政府が掲《かか》げた不拡大方針や陸軍中央の局地解決方針を関東軍は無視、北満州に進出して一九三二（昭和七）年には東三省《とうさんしょう》（遼寧省《りょうねい》・吉林省《きつりん》・黒竜江省《こくりゅうこう》）を押さえた。

一見《いっけん》無謀に見える同事件は、関東軍高級参謀・板垣征四郎《いたがきせいしろう》大佐と同作戦参謀・石原莞爾《いしはらかんじ》（写真8）中佐のコンビによって構想・実行されたものであった。ちなみに世界的指揮者・小澤征爾《おざわせいじ》の名前は、板垣と石原の名前から一字ずつ取られている。父・開作《かいさく》は歯科医師として満州に渡り、満州国協和会創設者の一人として彼らを崇拝していたためである。

関東軍は満州某重大事件時から「軍閥を利用しての間接統治には限界があり、傀儡《かいらい》政権を樹立して日本が支援する」方針を固めつつあったが、それを具体的なシナリオに仕上げたのが、この石原莞爾である。国際的批判の矛先《ほこさき》をかわしつつ、日本の実効支配を強めるためである。

その後、清朝最後の皇帝・愛新覚羅溥儀《あいしんかくらふぎ》を皇帝に戴《いただ》き、一九三二（昭和七）年三月一日には満州国の建国が宣言され、首都は新京《しんきょう》に定められた。

この事態にもっとも反発したのがアメリカであり、国務長官スティムソンはスティムソン・ドクトリンを発表、抗議した。ヨーロッパ各国はアメリカほど強硬ではなかったが、同調した。中華民国も日本の違法侵略を国際連盟に提訴、一九三二（昭和七）年二月末から、リットン調査団が満州に入った。

写真8 石原莞爾

陸軍中将の軍服を着用、第16師団長時

一九三二（昭和七）年十月に発表された調査報告書は日本の不法行為を非難したものの、具体的な罰則規定は何もなかった。この報告を受けて、一九三三（昭和八）年二月、国際連盟では満州国否認の決議が総会に上程されると、四四カ国のうち賛成四二、反対一（日本）、棄権一（タイ）であった。日本代表の松岡洋右《まつおかようすけ》全権は得意の英語で二時間の長演説を行ったあと、席を蹴《け》って退場したのである。

このように、策《さく》を弄《ろう》して何とか満州国を建国したものの、当時の日本は満州開発の資金には欠乏していたので、アメリカから資金を導入し、対米協調を図《はか》りながら、満州で資源・工業開発することを考えた。実際に、豊田自動織機自動車部（現・トヨタ自動車）と日本産業（現・日産自動車）とフォードの合弁計画などもあったが、軍部の反対などにより、反故《ほご》となってしまった。

この満州事変に関しては満州某重大事件とは異なり、政府や帝国議会では揉《も》め事《ごと》は起こらず、おおむね歓迎された。事件一〇〇日後の議事録を見てみよう。

●第六十回衆議院本会議　一九三一（昭和六）年十二月二十七日

小山松寿《こやましょうじゅ》議員　……満州事変発生以来、北満《ほくまん》をはじめとして支那方面に活動するわが陸海軍将士の苦労のいかに大《だい》であるかは想像に余《あま》りあるものがあります。僅少《きんしょう》の兵力をもって広大なる地域の治安にあたり、随所に散在する敗残兵匪賊《ひぞく》を掃討《そうとう》し、同胞の生命を護《まも》り、住民の秩序を維持するは、実に戦争以上の労苦と言わねばなりませぬ。……われわれはここに忠勇なるわが陸海軍将士の労苦に対し、国民を代表して感謝の意を表明せんとするものであります。（拍手）何卒《なにとぞ》満場諸君のご賛成を乞《こ》います。（拍手）

“片目をつむった”列強

この時の犬養毅首相、芳沢謙吉《よしざわけんきち》外相は満州事変を正当化して、国内だけでも穏便に収めようと努めていた。

●第六十回衆議院本会議　一九三二（昭和七）年一月二十一日

犬養毅総理大臣　……外《そと》においては満州事変の解決、内《うち》にあっては経済界大混乱の収拾、この責任はもっとも重大なるものであって、われわれはこれに対して力およぶだけ粉骨砕身《ふんこつさいしん》して進むということが、……留任いたすということの顚末《てんまつ》の大要でありま す。それから満蒙《まんもう》［満州と内蒙古《うちもうこ》］における今回の事変は、もっとも重大なる問題でありまするが、錦州《きんしゅう》の東北軍［張学良が率いた軍閥］撤退いたしましたので、まずこれで大要《たいよう》一段落は着《つ》いたのである。……われわれの目的たる満蒙の天地を、内外人安住の場所にするということの、この大きな仕事は、引き続いて今後に俟《ま》つべきもので、……しかしながらわれわれは隣邦に対して領土的野心はすこしも持っていない、……既存条約の尊重である、既得権益の擁護である、これ以外には出ぬのである。

……

芳沢謙吉外務大臣　……満州事変は日本の正当防衛にもとづくものでありまして、また排日運動は支那側の謬見《びゅうけん》にもとづくものであるのであります。……今回の事変中、対連盟、ならびに対米国の関係におきまして、時に機微《きび》にわたるがごとき状況の発生を見たことがないのでもありませぬが、われわれは常に懇切丁寧《こんせつていねい》にこれと折衝《せっしょう》を重ねまして、わが立場を明《めい》にし、わが権益に関する諒解を明確ならしむることに努めましたので、両者共に漸時《ぜんじ》わがほうの態度を了解して来た次第であります。はたまた満州事変に際しまして、「ソヴィエト」連邦政府が中立不干渉の態度を持《じ》して変わらなかったことは、帝国政府の満足といたすところであります。

このように、満州事変→満州国建国→リットン調査団→国際連盟で建国否認→日本の国際連盟脱退という一連の流れが、一九三一（昭和六）年から一九三三（昭和八）年までの間にあわただしく起こったが、ようやく一段落した。

国際的には形式的には否認され続けた満州国であったが、このことによる日本への制裁行為はまったくなく、最大のうるさ方《がた》のアメリカも〝片目をつむる〟スタンスだった。近代以降の歴史からも、地理的にも、日本は満州と特殊関係にあると半ば認められていたからである。しかし、中国の反日感情や行動が悪化した。

いっぽう、満州問題で揉《も》めている間に起こった第一次上海事変（一九三二年一～三月）は、万里《ばんり》の長城《ちょうじょう》を越えた中国本土で起きたため、長城の外である満州の事件とは一線を画《かく》して、国際世論も中国も猛烈に反発した。このような国際的世論を十分承知していた石原莞爾は満州を掌握しても、万里の長城を越えて中国本土に侵攻することには反対であった。この一見矛盾《むじゅん》する理論こそ、石原の独創性を如実に表している。

11 統帥権《とうすいけん》

国際問題だったワシントン軍縮条約

本項は統帥権が主題であるが、それを理解するために遡《さかのぼ》って見てみたい。日本海軍は日清戦争の黄海《こうかい》海戦も、日露戦争の日本海海戦においても見事な戦果を挙げた。連合艦隊は、当時の最新鋭の軍艦を揃えていたが、その主力艦（戦艦、巡洋艦）には国産は一隻もなく、すべて輸入艦だった。

工業技術の粋《すい》を集めた戦艦を国産できないことは、列強から一等国として認めてもらえないし、安全保障上にも問題がある。日本は明治維新以来、造船技術・兵器技術について注力してきたが、一九〇六（明治三十九）年十一月にようやく、横須賀工廠《よこすかこうしよう》で二万トン級の戦艦・薩摩《さつま》（写真9）を進水させることができた。薩摩の進水は有色人種がはじめて独自設計で巨艦を建造したということで、その衝撃はむしろ欧米において大きかった。

写真9 戦艦薩摩《さつま》

イギリスの戦艦ドレッドノートが登場しなければ、最大だった

日本海軍の次なる試練は、一九二一（大正十）年十一月にアメリカで開かれたワシントン会議である。アメリカは、日米英仏伊五カ国の主力艦について今後一〇年間の建造禁止、保有率を米英一〇、日本六、仏伊三・三四にするという提案をしてきた。さらに、同会議では日英同盟の廃棄、それに代わる日米英仏による四カ国条約の締結、極東体制の現状維持・門戸開放が謳《うた》われる。

すなわち、同会議は軍縮だけでなく、太平洋・極東で勢力を伸ばそうとする日本を抑え込む新秩序の確立も目的だったのだ。

日本は国内の不満を抑えて同調、ワシントン海軍軍縮条約（以下、ワシントン軍縮条約）を締結した。帝国議会では、その結果について是非が問われたが、深刻な争点は生じなかった。

●第四十五回衆議院本会議　一九二二（大正十一）年一月二十三日

望月小太郎《もちづきこたろう》議員　……日英同盟の主要目的たるロシアはご案内のごとき有り様《ありさま》、ドイツは敗頽《はいたい》いたして以来、すでに東洋において、日英同盟の目的とするところのロシア、ドイツの対抗力の消滅した以上、英帝国の輿論《よろん》は、昨年に至っては明白にもはや同盟の必要なきということを直感いたしまして、むしろ進んでその英米二国にわたれる伝統的、血族的、政治的関係を樹立して、ついでながらこの英米二国の協定中に、日本をも加えようという意見を持っておったのであります。……日本の代表者がもし米国提案の十、十、六をそのままに受けていくならば、彼らは切腹しなければならずと言うが、……この点についてこれは政府訓令《くんれい》の結果であるか、はたまた全権単独の決断であったかということを明白にいたしておきたいのである。……

内田康哉《うちだこうさい》外務大臣　……日英同盟の始末《しまつ》については、英米の間にかねて打ち合わせがあって、日本はむしろ門外漢《もんがいかん》であったのではないかというご質問のように聴《き》き取れた。これは事実けっしてそうではありませぬ。……日本は英米に匹敵する海軍拡張をなす意思がないということを言明したが、……これは全権がわが国がよく世の中に誤解を来《きた》されて、単に侵略的な、何か軍国主義を抱持《ほうじ》しておるというような誤解がありますから、けっして日本はそういう考えを持っておるのでない、どこまでも平和の維持に尽瘁《じんすい》（自分のことは顧《かえり》みず、全力を尽くす）しておるのである。すなわち日本は英米と……どこまでも協調をして、海軍を拡張していこうという意思はないのである。……

欧米列強はこの頃、日本の軍事力そのものより、その背景をなす武断《ぶだん》姿勢、軍国姿勢などの精神・思想面を懸念する空気が強まっていた。内田康哉外相もこのことを心配して、言及していたのだ。日本の軍国主義ムードが海外で噂《うわさ》になっているということは、日本国内に火種《ひだね》があることになる。この点について、当時の高橋是清首相の「内外国策私見」というオフレコ資料が議会で暴露され、そこに陸軍参謀本部の不当な政治介入が指摘されている。

●第四十五回衆議院予算委員会　一九二三（大正十二）年一月二十八日

永井柳太郎委員　……日本の陸軍は恣《ほしいまま》にわが国の外交に干渉して、わが国の外交を不統一ならしめ、二重外交の非難を蒙《こうむ》っている。これは陸軍の外交に対する大《だい》なる罪悪であるという意味のお話がありましたのに対して、陸軍大臣はそういう事実がないということを言明されました。……総理大臣は一昨年九月九日に「内外国策私見」というものをご発表になっておりますが、……それを見ますとこういうことが書いてあります。「わが国の制度としてもっとも軍国主義なりとの印象を外国人に与《あた》うるものは陸軍の参謀本部なり。軍事上必要なる調査研究を事《こと》とするに止《とど》まらず、時《とき》として外交および経済上の政策に容喙《ようかい》しわが外交を不統一ならしめ、ひいて国家の損害を醸《かも》したるがごとき例は従来僅少ならざるなり。ゆえに参謀本部のごときものは、これを廃止すべきである」というご議論が書かれております。……

高橋是清総理大臣　私が先輩やごく平素腹蔵《ふくぞう》なく国事《こくじ》を語る間柄《あいだがら》の者に対して、自分の私見を思うがままに書いて、教えを乞《こ》い、あるいは意見を叩《たた》くつもりで出したものが、世の中に洩《も》れて出た。そのものに対して今ここでおたずねがあったところで、私は一言も答える必要はない。……

高橋首相はあくまで叩き台、私見と逃げているが、これは衝撃的な指摘である。たとえ非公式であっても首相見解である以上、もし一〇～一五年後だったら、天皇機関説（天皇は国家の一《いち》機関であるとした美濃部達吉《みのべたつきち》の学説）以上に問題化したであろう。

軍部の増長は昭和以降が顕著だが、すでに大正時代には陸軍参謀本部を中心として軍部主導の雰囲気が作られていた事実と、当時はこのような言辞が通ってしまった事実、この二面性を感じ取っていただきたい。

国内問題だったロンドン軍縮条約

ワシントン軍縮条約は戦艦・航空母艦などの主力艦が対象で、巡洋艦以下の補助艦の保有は制限されなかった。そのため、条約に抵触しない高性能大型巡洋艦が出現するなど、条約が形骸化《けいがいか》してきた。これを危惧《きぐ》した米英両国は二国で事前協議のうえ、日米英仏伊五カ国による補助艦を対象とする、新たな会議を呼びかけてきた。

一九三〇（昭和五）年にイギリスで行われたロンドン海軍軍縮会議（以下、ロンドン軍縮会議）において、日本は若槻礼次郎元首相、イギリスはマクドナルド首相、アメリカはスティムソン国務長官を全権代表として論戦が始まった。その結果、補助艦合計の保有率は米英一〇、日本六・九七五となり、仏伊は途中で脱落したため、三カ国で調印した。

ただし、帝国憲法上、条約文書の批准《ひじゅん》を帝国議会に求める必要があった。ここにおいて、海軍軍令部は「われわれの意見も聞いていないうえ、内容にも満足できない」と反発した。いわゆる、統帥権干犯《かんぱん》事件である。野党であった政友会の犬養毅と鳩山一郎《はとやまいちろう》は、これを政争の具《ぐ》にしようと、与党・立憲民政党の浜口雄幸《はまぐちおさち》首相に嚙《か》みついた。

犬養毅（一八五五～一九三二年、写真10）は岡山の庭瀬村《にわせ》（現・岡山市）に生まれ、藩校の秀才であったが、一八七六（明治九）年に上京して慶應義塾に学んだ。新聞記者を務めたあと、大隈重信が結成した立憲改進党の設立に参加、一八九〇（明治二十三）年の第一回衆議院選挙以来、四二年間で一七回当選している。民主主義者であり、弁舌は爽《さわ》やかであったが、理論より情の人で人助けはよくしたが、時代の流れのなかで変節もあり、毀誉《きよ》褒貶《ほうへん》がつきまとった。

●第五十八回衆議院本会議　一九三〇（昭和五）年四月二十五日

犬養毅議員　……用兵の責任にあたっておる軍令部長は、回訓《かいくん》（在外の外交官などが指示を仰いだ際の政府による回答の訓令）後に声明したるものがある。これは世の中に公《おおやけ》にされております。この公にされている声明書によりますと、七割を欠けた米国

写真10　犬養毅

勅任官大礼服を着用

案を基礎にした譲歩である。この兵力量では、どんなことをしても国防はできない……とこう断言いたしておるのであります。……軍事専門家の意見と言えば、軍令部がその中心でなければならぬ。（拍手）軍令部は絶対に反対いたすと声明を出しておるのであります。……

浜口雄幸総理大臣　……海軍軍令部長の声明云々《うんぬん》ということを申されました。しかしながら議会に対する国防の責任はあくまでも政府が負います。私、責任をもって申します。……このたび協定をいたしました条約案に記載をいたしてありまする帝国の保有勢力によって、帝国の国防はきわめて安固であるということを責任をもって申します。（拍手）……

鳩山一郎議員　……政府が軍令部長の意見を無視し、否《いな》軍令部長の意見に反して国防計画を決定したという、その政治上の責任について疑《うたが》いを質《ただ》したいと思うのであります。……一般の政務、これに対する統治の大権《たいけん》については内閣が責任を持ちますけれども、軍の統帥《とうすい》に関しての輔弼《ほひつ》機関は内閣ではなくして、［海軍］軍令部長または［陸軍］参謀総長が直接の輔弼の機関であるということは今日《こんにち》までは異論がない。……憲法第十一条の統帥の大権については、憲法第五十五条の国務大臣輔弼の責任の範囲外であるということが明瞭になっておるのである。（拍手）……

浜口総理大臣　鳩山君にお答えいたします。……政府がロンドンの協定に同意をいたし、条約に調印するにあたって軍令部の意見を無視し、もしくはこれに反対したという仮定の事実の上に憲法論を述べられた。……政府は単《ひと》り海軍軍令部のみではありませぬ、軍部の専門的の意見は十分にこれを斟酌《しんしやく》してある。……

統帥権の解釈と運用は当時きわめて重要な論点であったので、その後の議会でも論議は続いた。

●第五十八回衆議院予算委員会　一九三〇（昭和五）年四月二十日

前田米蔵議員　……まず第一におたずねいたしたいのは、憲法十一条ならびに十二条に規定いたしておりますところのいわゆる統帥事項、編成事項と称《しょう》せられるものは憲法上国務大臣輔弼の範囲に属するか、属せないかというような点に対してお聴きをいたしたいのであります。

浜口雄幸総理大臣　……ただ今の前田君のご質問は、具体的の問題を離れての憲法の解釈について政府の意見を聴かれたのであります。私はさような問題に対してはお答えをしないつもりであります。もしご質問がありますれば、このたびの軍縮の問題に関し政府の調印いたしました条約の内容、あるいはその責任、そういう問題ならば無《む》論《ろん》お答えをいたします。……

前田議員　……歴代内閣の今日《こんにち》まで議会における記録を拝見いたしまするというと、憲法ならびに軍令、軍政運用に関する質問が出ておりまして、どの内閣でもそれぞれお答えになっておるのであります。……明るい政治、公明の政治を主張せらるる浜口内閣において、もしこのごとき問題についても答えないというようなことでありましたならば、憲政の逆転と言わざるを得ないと思うのであります。（拍手）どうかこういう点につきまして、……お答えくださることが当然の国務大臣としての責任なりと私は思います……

憲法第十一条、十二条、五十五条との関連性については、質問者・前田議員も回答者・浜口首相も本当は熟知しているのである。ただ、海軍軍令部やそれに加勢する勢力がうるさくて、浜口首相は空回《からまわ》りしそうな抽象論議を避けたかったのであろう。

この期《ご》におよんでは、調印内容はどうでもよく、このような事柄に対する意思決定者が誰であるか、統帥権に天皇の輔弼者として相談に与《あずか》れるのは誰か、という論点に転化している。

これがロンドン軍縮会議の締結文書の国会批准段階で大揉《おおも》めに揉めた背景で、浜口首相は決死の覚悟で強行突破して、帝国議会はそのまま批准している。

それから四年後の一九三四(昭和九)年、第二次ロンドン軍縮会議の予備交渉が行われたが不調に終わる。同年十二月、日本はワシントン軍縮条約の破棄を通告、一九三六(昭和十一)年に制限から解《と》き放たれた。

以降、世界は無制限建艦時代に突入するが、その結果、日本では軍事予算は鰻《うなぎの》登《ぼ》りになり、マンモス艦である武蔵《むさし》、大和《やまと》、信濃《しなの》などが建造され、太平洋戦争では活躍できずに海の藻屑《もくず》と消えてしまった。

この三回にわたる海軍軍縮会議において、日本はアメリカとの艦艇保有率をもっとも意識した。一〇対六および七という数字は、アメリカは両洋（大西洋と太平洋）にまたがって守備範囲が広いから当然と主張、しかし、それを太平洋に集中されたらたまらないというのが日本の理屈であった。

ただ、一九二二（大正十一）年以降約一五年間、主要国の建艦が抑制されたことで、海上の平和は保たれ、財政難に苦しんだ日本にとってはメリットもあったのである。

統帥権の法解釈

戦前の日本は多くの紛争・戦争に遭遇したので、議会の内外で、戦争と平和が最大のテーマであったことは間違いない。

この問題は、日本独自の政治風土のなかで「文《ぶん》と武《ぶ》の争い」、換言すれば「シビリアン・コントロール」の問題である。そして、前述の帝国議会の論議にもあった「帝国憲法第十一条　統帥権」を巡るせめぎ合いであり、そこに法解釈的側面と政治力学的側面が微妙に絡み合っている。筆者はこのテーマこそ本書の最重要点と考えるので、あえて紙数を使ってじっくりと検証していきたい。

まずは、統帥権の法解釈から入るが、それには帝国憲法全体のなかで見る必要がある。本件にかかわってくる条文のみに絞ると、次のようになり、とりわけ第一、十一、五十五条が重要である。

第一条　大日本帝国は万世一系《ばんせいいっけい》の天皇これを統治す。
第三条　天皇は神聖にして侵《おか》すべからず。
第四条　天皇は国の元首にして統治権を総攬《そうらん》しこの憲法の条規によりこれを行う。
第五条　天皇は帝国議会の協賛をもって立法権を行う。
第十一条　天皇は陸海軍を統帥す。
第十二条　天皇は陸海軍の編制および常備兵額《へいがく》を定む。
第五十五条一、国務各大臣は天皇を輔弼しその責に任ず。
二、すべて法律勅令その他国務に関《かかわ》る詔勅《しょうちょく》は国務大臣の副署を要す。

それでは、統帥権の意味について調べてみよう。帝国憲法の起草者である伊藤博文自身が書き残した解説書『憲法義解《ぎげ》』では、第十一条を次のように説明している。

「第十一条　天皇は陸海軍を統帥す　恭《つつしみ》て按《あん》ずるに、太祖《たいそ》実に神武［天皇］をもって帝国を肇造《ちようぞう》し、物部《もののべ》・靫負部《ゆきえべ》・来目部《くめべ》を統率し、嗣後《しご》歴代の天子《てんし》内外事《こと》あれば自《みずか》ら元戎《げんじよう》を師《ひき》い、征伐の労を親《みずか》らし、或《あるい》は皇子・皇孫をして代《かわ》り行かしめ、而《しこう》して臣《おみ》連二造《むらじふたつのみやつこ》は其《そ》の編裨《へんぴ》たり。天武天皇兵政官長《つわもののつかさのかみ》を置き、文武天皇大《だい》に軍令を修め、三軍を総《す》ぶるごとに大将軍一人あり。大将の出征には必《かならず》節刀《せつとう》を授《さず》く。兵馬《へいば》の権《けん》は乃《すなわち》朝廷に在《あ》り。其の後兵柄《へいへい》一たび武門に帰《き》して政綱従《したがつ》て衰《おとろ》えたり。今上《きんじよう》［明治天皇］中興の初、親征の詔《みことのり》を発し、大権を総攬《そうらん》し、爾来《じらい》兵制を釐革《りかく》し、積弊《せきへい》を洗除し、帷幕《いばく》の本部を設け、自ら陸海軍を総《す》べたまう。而して祖宗の耿光《こうこう》遺烈再《ふたた》び其の旧《きゆう》に復《ふく》することを得たり。本条は兵馬の統一は至尊《しそん》の大権にして、専《もつぱ》ら帷幄《いあく》の大令に属することを示すなり。」（伊藤博文著『憲法義解』）

古語《こご》、死語、旧名詞が頻出《ひんしゆつ》しており、かなり難解である。これでは、『憲法義解』のための「義解」が必要となってしまう。

「物部」「靫負部」「来目部」は、それぞれ武器の製造・管理、近衛業務、地方治安を司《つかさど》る役所である。「兵政官長」とは軍制、すなわち軍人の人事・考課・兵器類の管理を行う役所である。「帷幕」と「帷幄」は同じ意味で、天幕《てんまく》で仕切った大本営を指す。

これらを踏まえて意訳すれば——神武天皇が日本国を興《おこ》してから、天皇は軍事全般を統率し、戦争が起これば自ら総大将として戦場に赴《おもむ》き、大臣以下はそれにしたがった。天武天皇は軍政長官を設け、文武天皇は軍令を発し、全軍の総大将であった。部下の大将が出征する際は天皇が刀を授けて権限を委譲した。このように、軍事権全般は元来《がんらい》朝廷にあった。その後の歴史のなかで、天皇は形式上日本国の長《ちょう》であったが、軍事権は武家に移り、政治共々《ともども》衰えていった。今回、天皇政治の中興の祖である明治天皇は、自ら進んで軍事全般を掌握し、軍制を刷新《さっしん》して旧弊《きゅうへい》を改め、大本営を設けて陣頭指揮されることになった。このようにして、神武・天武時代の軍事体制が復活した——となる。

伊藤は、憲法の研究に行ったプロシアで、「憲法は単に字句通り解釈するのではなく、歴史的文脈で捉《とら》えなければいけない。だから国史もよく整備しておくべきである」と言われた。すなわち、歴史解釈がきわめて重要なのである。『憲法義解』は、それを意識して書かれていることが十分うかがわれる。

伊藤の解釈では、統帥権とは軍略（参謀が司る作戦）という狭い領域ではなく、軍政

（軍事政策）＋軍略＝軍事全般を指している。
そうすると、「第十一条　天皇は陸海軍を統帥す」は、一義的《いちぎてき》直訳では「天皇は軍事全般を指揮する」ことになるが、「第五十五条　国務各大臣は天皇を輔弼」により、天皇から陸相と海相が相談を受けて補佐する。陸相・海相は首相をトップとする内閣における一閣僚であって、内閣は国会の影響下にあることになる。そして、内閣が参謀総長と軍令部総長に軍政上の指示を行い、具体的な作戦を任せる。これが、帝国憲法のもっとも自然な解釈であろう。

米英仏などの先進民主国家においては、国政→軍政→軍令という命令系統がはっきりと確立されていたし、それは現在も変わっていない。日本でも明治、大正時代はほぼこの体系が保たれていたのに、ロンドン軍縮条約批准時から急におかしくなったのである。すなわち軍令→軍政→国政、あるいは軍令＝軍政→国政といった逆立《さかだ》ちした図式を、陸海軍が主張し出したのである。

日本陸軍が手本にしたプロシアでは、ビスマルク首相→ローン陸相→モルトケ参謀総長という命令系統が確立していたが、デンマーク戦争、普墺《ふおう》戦争、普仏《ふふつ》戦争などプロシアが連勝していくなかで、モルトケ率いる参謀本部が大いに勢力を伸ばした。そして、ビスマルク首相を飛ばして皇帝に直接相談したり、大本営会議に首相の出席を阻《はば》んだりするようになる。

日本の軍部も、プロシアのこの悪弊《あくへい》を下敷《したじ》きにしたくなったのだ。日本では一八七八（明治十一）年に陸軍省下だった参謀本部が独立し、一八八三（明治十六）年には陸軍大学が設立される。陸軍大学の卒業生は陸軍のエリートであり、参謀本部主体に勤務という慣行ができてしまった。これにより「軍令を司る参謀本部は陸軍のなかでも一番上だ」という間違った認識が定着していった。海軍でも、この点では同様である。

統帥権の政治力学

しかし、統帥権の乱用は、法解釈だけでは説明できない。実は、背後にある政治力学のほうがより重要で、政治権力が理論武装して、法解釈を利用するのである。

日本は下級武士によってなされた明治維新により、近代化社会の道を急速に走り出した。ひるがえって、欧米の近代化は自ら成し遂《な》《と》げた市民革命によって生まれた市民と、産業革命によって生まれたブルジョワジーが中世封建社会を打倒、市民が軍人をしたがえることによって成就《じょうじゅ》した。だから、近代社会とは文民（文官）が軍人（武官）の上に立つ社会であった（図表11）。

アメリカでエスタブリッシュメントと呼ばれる支配階級はかつて（現在もそうであるが）、子弟を東部の名門大学に学ばせ、事業経営や弁護士を経て上院議員、知事、大統領を目指した。彼らは当然、ゼネラリストである。

図表11 文民（文官）と軍人（武官）の関係

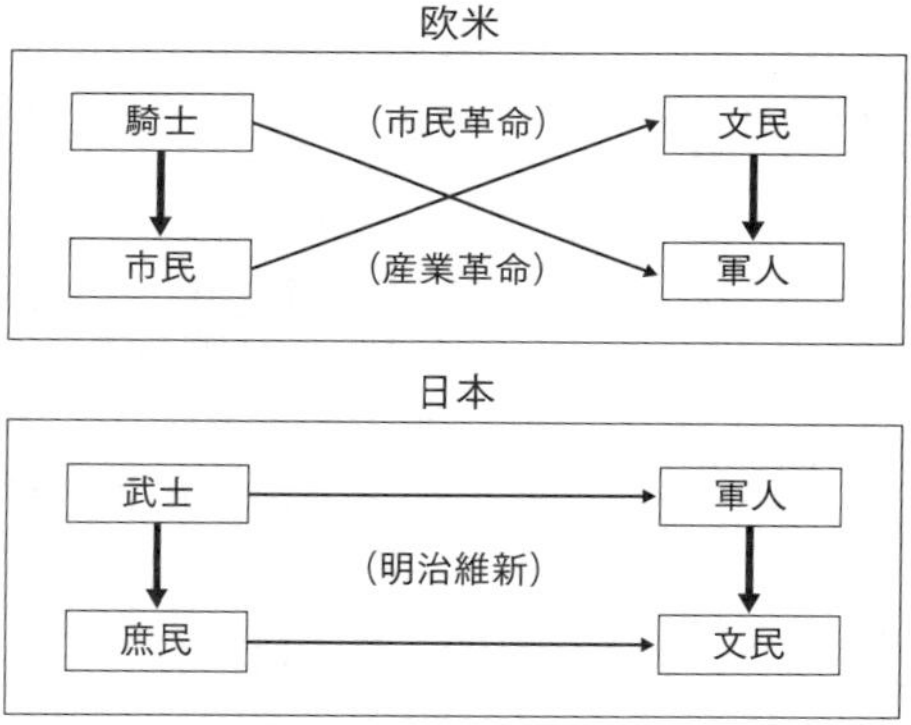

いっぽう、ウェストポイント（陸軍士官学校）やアナポリス（海軍兵学校）にも秀才は集まったが、そこを卒業すると職業軍人というスペシャリストになって、ゼネラリストの下《もと》で仕える社会構造になっていた。

イギリス、フランスも類似の社会構造であったので、米英仏の主要閣僚である五相（首相ないし大統領、外相、蔵相、陸相、海相）を調べると、全員が例外なく（陸相、海相でさえ）、文官出身だったことを留意いただきたい。

中国、韓国は近世から近代にかけて、科挙《かきょ》という人材登用試験を実施してきたが、それは主に文官の登用試験であり、武官は一段下とされ、文官に仕える構造であった。中国、韓国の歴史は欧米と異なるとはいえ、文官の武官に対する優位は共通している。

ところが、日本は異なる。日本の歴代内閣の五相の出自を調べると、その多くが下級武士出身である。市民革命と産業革命を自ら経験しなかった日本では、一八七二（明治五）年に編製された壬申《じんしん》戸籍でも士族、平民……と記載されるなど、中世の武家優位の精神が多分《たぶん》に持ち越されている。

また、一八六九（明治二）年に創設された華族制度においても、公家、大名、有力社寺の宗家《そうけ》、明治維新の元勲に並び、日清・日露戦争での軍功《ぐんこう》華族が多数追加された。このような背景では、陸相・海相は軍人出身が当然であり、議論など起こらなかったろう。そして、首相や外相まで軍人出身者が就任する事例が頻発《ひんぱつ》した。

どの国でも、開戦の是非など国家の一大事における意思決定は、内閣の五相会議でなされるが、日本の場合は一九三七（昭和十二）年に設置された大本営政府連絡会議（五相に参謀総長と軍令部総長が加わった組織）が、それにあたった（図表12）。

これでは、メンバーの過半数を常に軍人（武官）が占めることになる。戦争をやりたが

図表12 国家の意思決定メカニズム

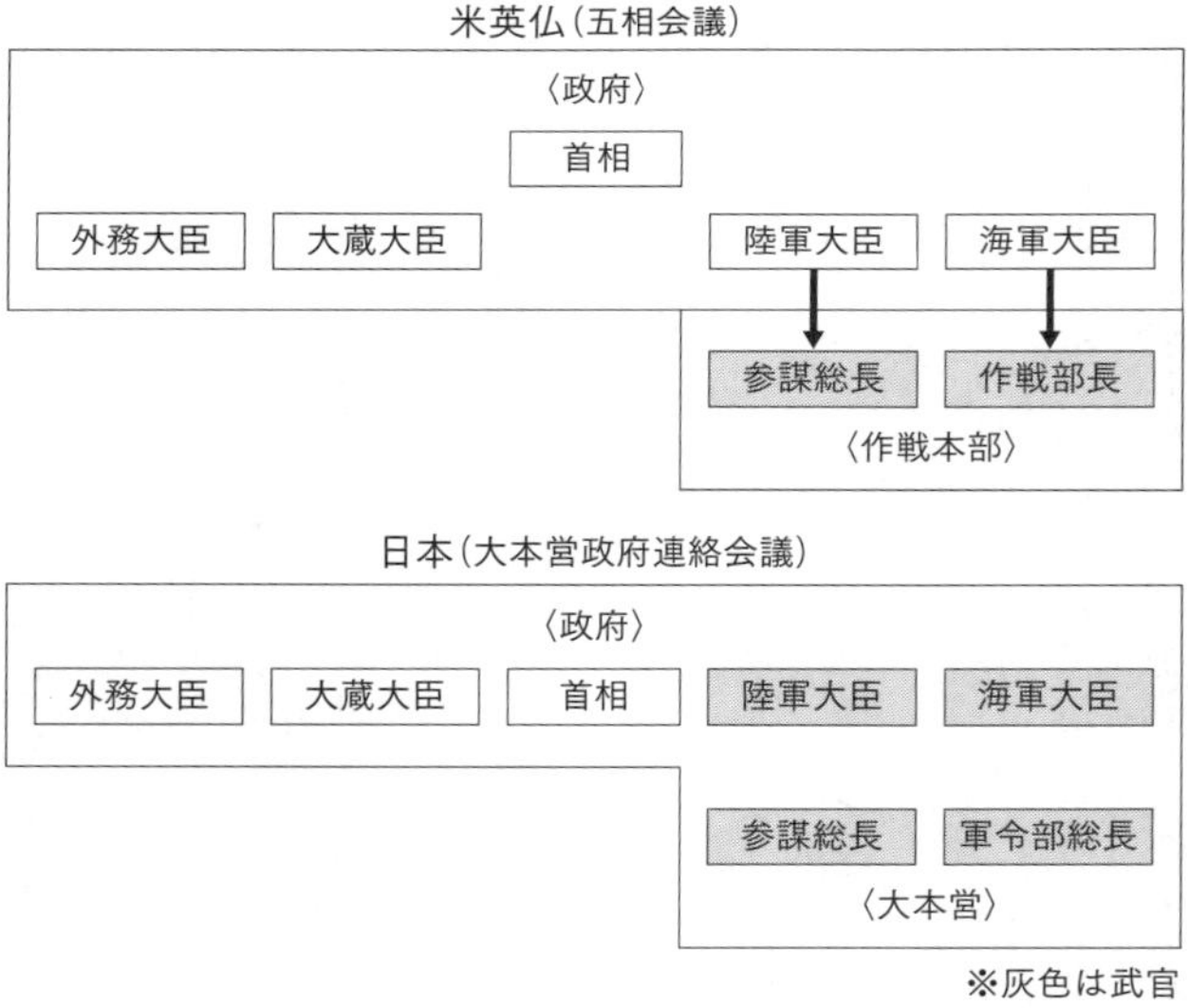

るのが軍人の性《さが》とすれば、そこで出される結論は言わずもがなであろう。

日清・日露開戦時、国家の意思決定は伊藤博文、山県有朋、桂太郎ら明治維新を成し遂げた元勲で行われた。下級武士出身とはいえ、彼らの資質も見識も「文官でも武官でもないオールラウンダー」であった。だから、統帥権の暴走はなかったのである。

しかし、次世代になると社会は複雑・進化し、文官の世界と武官の世界は教育段階から分かれた。帝国大学を卒業した官僚に代表される文官のエリートと、陸海軍大学を卒業した軍人（武官）のエリートが、おたがいの組織の発展・防衛を争うようになってしまった。

軍人組織は職掌柄《しょくしょうがら》「仮想敵国と危機切迫」を唱えるが、昭和になると、満州某重大事件、満州事変、第一次上海事変、盧溝橋《ろこうきょう》事件、ノモンハン事件といった紛争を半ば意図的に起こし、血盟団事件、五・一五事件、天皇機関説事件、二・二六事件といった暴力活動を幇助《ほうじょ》し、国家総動員法・大政翼賛《たいせいよくさん》運動（［13］国家総動員法」で詳述）といった政策を絡《から》め手《て》で使い、「政界や財閥の腐敗」と文官（文民）世界を攻撃したのである。

シビリアン・コントロール

シビリアン・コントロールとは英語の「Civilian Control of the Military（文民の政治家が軍隊を統制する）」という意味であるが、「Civilian Supremacy（政治が軍事に優先する体制）」と表現されることもある。

これを解説した二つの書籍を紹介しよう。前者は一九六六（昭和四十一）年、後者は一九二二（大正十一）年の刊行である。後者はシビリアン・コントロール反対論であるが、その前段として米英仏の実情を率直に伝えている。

「軍の最高統帥権はシビリアンが握らなければならないという原則は、どこの国家社会においても、軍の持つ特殊な任務と力のゆえに生まれてきたものである。たとえ民主主義国家でなくてもあらゆる国の政府は、その職業的戦士たちを政治政策の主導者たらしめるよりはその下僕《げぼく》たらしめるべく、何等《なんら》かの保障手段を講じている。……シビリアン統率者が賢明で常にもっとも賢明な国防政策を打ち出しうる場合には何も問題はない。しかし制度だけはそのように決まっていても現実の当事者の能力、識見が常にこれにともなうことは限らない。それでもこの芝居は続けていかなければならない。この制度を逆にした場合の危険は余りにも明白である。」（ジョン・W・マスランド、ローレンス・I・ラドウェイ著『アメリカの軍人教育』）

「陸海軍縮小論者はその目的を徹底的につらぬくには、現在のごとく陸海軍専門家を陸海軍大臣として戴《いただ》いていては不可能であるという。……文官をもって軍務大臣たらしむることとしなければいけないと論じている。……現在の陸海相には帷幕奏上《いばくそうじょう》の特権があるから、これを盾《たて》に国力と不均衡《ふきんこう》なる大軍備を完成しようとするとか、閥《ばつ》をつくるの弊害ありとか、……極力陸海相文官任用説の実現に努めているようである。そしてその論者の説くところは、英米仏の軍部大臣はすべて文官が任用されているのだから、日本もかくするがよいというのである。(肥田理吉著『陸海軍大臣文官論』)

日本では、陸海軍大臣の要件について、帝国憲法には特別の定めはなかったが、陸軍省令・海軍省令(いずれも勅令)では、「陸海軍大臣は武官に限る」と規定されていた。一八九一(明治二十四)〜一九〇〇(明治三十三)年の九年間は一時、この文言が外されていたが、実際に文官が就任した事例は皆無である。

なお、時期により、「現役武官に限る」とのさらなる制限が付いたり付かなかったりした。現役武官と制限されると、軍部がさらに内閣の存立・改廃に関与できたという側面はしばしば指摘されているが、これまで述べてきた政治力学において、それは根本問題ではない。

仮に軍部大臣が武官出身でも、米英仏のごとく、閣内では首相ないし大統領に卓越した権限が与えられていれば文民統制の余地はあるが、帝国憲法における首相の他閣僚に対する権限の優越性はきわめて小さく、これはアメリカの大統領制と好対照であった。

12

五・一五事件と二・二六事件

なぜ、すぐに発表しないのか

一九三〇（昭和五）年十一月十四日、浜口雄幸首相は東京駅で右翼青年に狙撃される（のちに死亡）。犯人は「統帥権干犯をしたから……」と述べたが、統帥権干犯について説明を求められると答えられなかったという。

その後も血盟団事件（一九三二年二〜三月）、五・一五事件（一九三二年五月十五日）、相沢事件（一九三五年八月十二日）、二・二六事件（一九三六年二月二十六日）といったテロ事件やクーデターが続発した。その結果、井上準之助《いのうえじゅんのすけ》前蔵相、団琢磨《だんたくま》三井合名理事長、犬養毅首相、永田鉄山《ながたてつざん》陸軍省軍務局長、高橋是清蔵相（元首相）、斎藤実内大臣（元首相）、渡辺錠太郎《わたなべじょうたろう》陸軍教育総監といった大物実力者が殺害された。

未遂ではあったが、血盟団の暗殺リストには池田成彬《いけだしげあき》三井合名理事、西園寺公望元老、幣原喜重郎《しではらきじゅうろう》前外相、若槻礼次郎元首相らが名を連《つら》ねていた。二・二六事件では殺害の難《なん》は逃《のが》れたが岡田啓介《おかだけいすけ》首相、鈴木貫太郎侍従長、牧野伸顕《まきののぶあき》元内大臣、西園寺公望らも襲撃されている。

五・一五事件で犬養毅首相が暗殺されると、後継首相に海軍出身の斎藤実が任命された。それを受けて、一九三二（昭和七）年六月に第六十二回臨時帝国議会が開かれた。ところが、肝心《かんじん》の五・一五事件の報告がまったくなく、次のような斎藤新首相の挨拶《あいさつ》があっただけであった。

●第六十二回衆議院本会議　一九三二（昭和七）年六月三日

斎藤実総理大臣　諸君、犬養内閣総理大臣が第六十二回帝国議会の召集を前にし、不慮の凶変《きょうへん》によって、にわかに薨去《こうきょ》せられましたことは、国家のため真《まこと》に痛惜《つうせき》の至りに堪《た》えざる次第でございます。この時局《じきょく》多難の際にあたりまして、不肖図《ふしょうはか》らずも組閣の大命を拝し、寔《まこと》に恐懼措《きょうくお》くところを知らず、……

議員たちも事件の真相を聞きたかったに違いないが、誰一人追及したり、質問したりしていない。このような事態は、明治・大正時代では考えられないことで、昭和に入ってからも、統帥権問題が起こる以前なら違っていただろう。政府側は触《ふ》れない、議員側も聞かないといった、まことに異常で白《しら》けた空気である。

注目発言

しかし、この日の本会議では、民主主義の危機を訴える注目すべき発言もあり、ほっと救われる思いである。

●第六十二回衆議院本会議　一九三二（昭和七）年六月三日

山崎達之輔《やまざきたつのすけ》議員　……ヨーロッパ大戦［第一次世界大戦］の直後におきまして、ご承知の通り平和主義、国際主義、あるいは民主思想、かくのごとき潮流が澎湃《ほうはい》として起こりまして、一時ほとんど全世界を掩《おお》わんとするの情勢を呈《てい》したのでありますけれども、……今や世界を挙げて国家主義、……独裁専制の風潮が……非常なる不安と、非常なる動揺と、非常なる焦燥《しょうそう》の裡《うち》にさまようておると申しても過言でなかろうと思います。……ひるがえってわが国の状態を考えますれば、……犬養老首相は、大《たい》業《ぎょう》未だその緒《しょ》に就《つ》かずして悲しむべき凶変に斃《たお》れられました。……斎藤内閣は、いわゆる挙国一致の形態をもって成立いたしました。ようやく確立せられようといたしましたるわが国の憲政の習律《しゅうりつ》に一大《いちだい》変例を呈しておるのであります。……われわれはあくまで議会政治の上に立ち、議会政治を護《まも》るべきものであると信じます。（拍手）

山崎達之輔は後年、林銑十郎《はやしせんじゅうろう》内閣で農相と逓信相を兼任した人物であるが、世界の政治潮流のなかでの日本という大局を、きちんと把握している。元海軍軍人の斎藤実を首相に戴《いただ》く非常時内閣に、はたして議会政治は期待できるのかと危惧しているのである。

同日、無産政党（労働者・農民など無産階級の利益を代表する政党）である全国労農大衆党の杉山元治郎《すぎやまもとじろう》議員は、教条的切り口ではあるが「軍閥が政党政治を乗っ取りつつある」と政府に迫っている。

●第六十二回衆議院本会議　一九三二（昭和七）年六月三日

杉山元治郎議員　……五・一五事件こそは、正《まさ》に支配階級の政治機構の動揺、変遷を白日《はくじつ》の下《もと》に暴露いたしたものだと考えるのであります。……第一に浜口内閣当時……

かの統帥権を巡りました、政府と海軍々閥との対立……形式においては政府は押し切ったようでありますけれども、……軍縮余剰金の全部を海軍拡張費に充《あ》てるということによって、実質的に軍閥の勝利となっておるのであります。第二……満蒙問題についての陸軍々閥との対立で、脆《もろ》くも若槻内閣が敗退した事実であります。第三……犬養内閣でありますが、形式的には政党内閣を維持しておりましたが、実質的には軍部の「ロボット」でなかったか、あるいはある者は荒木《あらき》［貞夫《さだお》陸相］内閣だと評しておったのである。……第四は今回の政党内閣主義の退場と共に、斎藤超然《ちょうぜん》内閣の成立した事実であります。現内閣は「ブルジョア」反動内閣であります。……斎藤内閣は余《あま》り永《なが》く保《も》たないのではないか、この秋の頃までには倒れて、次には平沼《ひらぬま》［騏《き》一郎《いちろう》国《こく》本社《ほんしゃ》会長］氏のような、あるいは荒木氏のような官僚軍閥の立憲「ファッショ」政府が生まれて、……いっそう無産大衆の搾取《さくしゅ》と、弾圧とを強化するであろうと思います。

杉山元治郎（一八八五〜一九六四年）は大阪の北中通《きたなかどおり》村（現・泉佐野《いずみさの》市）に生まれ、府立天王寺農学校在学中にキリスト教徒となり、非戦論を主張するようになった。牧師を務めながら農民運動にも従事した。一九二五（大正十四）年に普通選挙法が制定されると、翌年結成された労働農民党の初代委員長に就任、一九三二（昭和七）年以降、戦後も併《あわ》せると九回当選している。右傾化が進んだ当時としては、実に思い切った歯切《はぎ》れの良い論述であった。

政府はすこしだけ口を開いた

五・一五事件について第六十二回臨時帝国議会では無言だった政府も、次の第六十三回臨時帝国議会では、ようやく小山松吉《こやままつきち》司法相から報告があった。ただし、傍聴人をシャットアウトした秘密会となった。

㊙第六十三回衆議院本会議秘密会　一九三二（昭和七）年八月二十七日
小山松吉司法大臣　……前首相去られてよりすでに四カ月であるが、何ら国民に報告のないのはどういう訳《わけ》であるか……というお言葉でありました。……しかるに今回の事件は……政府は百方《ひやっぽう》犯罪の捜査に努力したのでありますけれども、真相を発見することに苦しんだのであります。……事件の首魁《しゅかい》と目《もく》すべき大川周明が、事件に関係

のあることが略々わかりましたのは六月の上旬であります。……公訴事実の概要はこうなっております。「被告人らは現下のわが国情をもって、政党財閥ならびに特権階級が相《あい》結託して聖明《せいめい》を掩《おお》い民衆を搾取して国家の大本《おおもと》を謬《あやま》り、国政を紊《みだ》るものなりとし、これが廓清《かくせい》を期するには非常手段により、政党財閥ならびに特権階級を打倒するにしかずと思惟《しい》しおりたる折柄《おりがら》、被告人らと志《こころざし》を同じうせる日召《にっしょう》こと、井上《いのうえ》昭《あきら》らが昭和七年二月頃より……政界の巨頭《きょとう》井上準之助および財界の重鎮《じゅうちん》団琢磨を暗殺したるも、……その一味はじきに逮捕せられたるより、……各被告ら通謀の上」とこういう風《ふう》になっております。……「被告人大川周明は右計画の用に供《きょう》するため、……」海軍中尉であります「被告人古賀清志《こがきよし》に対し拳銃五挺、実弾百数十発を交付し、……」……予備の海軍少尉であります「……黒岩勇《くろいわいさむ》の手を介《かい》し現金合計六千円を交付した」ということの事実であります。

何という的外《まとはず》れの説明であろうか。実行者たちの心情は純粋であり、外部からの扇動で実行されたと、まるで責任転嫁の他人事《ひとごと》である。大川周明は、東条英機内閣の御用学者として後日《ごじつ》軍部が大いに利用した人間で、東京裁判ではA級戦犯になった。五・一五事件の裁判は、海軍軍人は海軍の軍法会議、陸軍士官学校生は陸軍の軍法会議、民間人は東京地方裁判所とバラバラに裁《さば》かれた。

寺内陸相の言い訳

一九三五（昭和十）年二月に起きた天皇機関説事件も「言葉のテロ事件」と言ってよいであろう。そして、翌年に起こったのが二・二六事件である。事件三カ月後の五月に第六十九回臨時帝国議会が召集され、秘密会にした衆議院本会議で寺内寿一《てらうちひさいち》陸相から説明があった。寺内寿一は、首相や陸相を務めた寺内正毅《まさたけ》元帥《げんすい》の長男だった（のちに本人も元帥となる）。

㊙第六十九回衆議院本会議秘密会　一九三六（昭和十一）年五月六日

寺内寿一陸軍大臣　……事件参加元将校は総員二十名中、……ことごとく起訴せられまして、すでに去月［先月］末より軍法会議公判に付《ふ》せられております。……事件に直接参加せざるも、事件関係者として取り調べたるものは総数二百余名を算《さん》しました。……常人《じょうじん》［現役軍人以外の民間人］の中、事前に情［情報］を知って、いわゆる事件の黒幕となって反乱者と直接間接に連絡し、これを使嗾《しそう》［そそのかす］、後援した者としては北一輝《きたいっき》、西田税《にしだみつぎ》、亀川哲也《かめかわてつや》ら数名でありまするが……彼らはわが国の現状を目《もく》して元老、重臣、官僚、軍閥、財閥、政党等いわゆる支配階級が、いずれも国体《こくたい》の本義［国のあり方を示すこと］に悖《もと》り、皇基恢弘《こうきかいこう》［天皇の国家統治を広めていくこと］の使命を忘れて私利私欲を恣《ほしいまま》にし、国家を紊《みだ》り、国威を失墜したるものであると断定して……わが純真なる青年将校がなぜかくのごとき矯激《きょうげき》なる社会民主主義者に共鳴するに至ったかは、一見まことに奇異に感ぜられるのでありまするが、彼らはこの誘致手段といたしまして、当初はあくまで現在の社会上の欠陥を剔抉暴露《てっけつばくろ》［あばく］して、これが革新を高唱すると共に、いわゆる国士的《こくしてき》主観偏重の思想の下《もと》に、巧《たく》みに青年の心理を魅了し来《きた》りたる結果であると考えるものであります。

二・二六事件は、昭和天皇により実行部隊が賊軍《ぞくぐん》と規定されたために、政府側の説明は比較的早かったが、その内容は基本的に五・一五事件と同じで、実行部隊の動機・心情を美化し、責任の多くを外部の誘引に塗《ぬ》り替える、卑怯《ひきょう》で非論理的なものである。しかし、議員側は五・一五事件の際にはおとなしかったが、今回は論戦を挑《いど》んだ。同日、外部のりーダーにでっち上げられた北一輝の実弟・北昤吉《きたれいきち》議員がさっそく演壇に登る。

㊙第六十九回衆議院本会議秘密会　一九三六（昭和十一）年五月六日

北昤吉議員　……私は自分の実兄がこの事件の関係者として取り扱われておるのに、私自らが質問者として立つことはいかにも公私混同のようでありまするけれども、（「その通り」と呼ぶ者あり）……質問をお許し願いたいのであります。

…

……先《さき》の陸軍大臣の秘密会におけるご説明では社会民主主義という言葉を発せられたようでありますが、これは私のみならず、われわれと同じ考えを持っておる人は、国家社会主義とは考えておりましたけれども、社会民主主義とは考えておりませぬ。

……従来の陸軍当局の国家社会主義に対する取り締まりはきわめて緩慢《かんまん》で……ことに……少壮《しょうそう》官吏中には新官僚と申しまするか、それらの人々の中には秘《ひそ》かに国家社会主義に共鳴して財産奉還《ほうかん》、金権奉還、産業奉還というような思想を今日《こんにち》まで放任してきたようで、何らの取り締まりを加えておりませぬ……

北昤吉（一八八五〜一九六一年）は早稲田大学で哲学を学んだあと、米国に留学した学究者であり、大正デモクラシーの旗手でもあった。二・二六事件直前の衆議院選挙で無所属から立候補して当選、議員となっていた。まさに運命のいたずらとしか言いようがない。

国家社会主義とは資本主義を基本とするも、自由経済体制ではなく国家目標を定め、計画経済を採り入れた制度を指す。当時のドイツやイタリアの経済体制に近いもので、日本でも受容する機運になっていた（当時、独伊の独裁的政治に抵抗があったが、その後、同質化した）。いっぽう、社会民主主義とはいわゆるソ連のような社会主義体制を意味した。このことを寺内陸相は混同している。そのため、北昤吉は実兄・北一輝の説くのは国家社会主義であると主張して、一輝を弁護しているのである。

現在の感覚からすると、両主義の意味と差異はピンとこない。むしろ、逆のようにも感じる。言葉とは辞書を引けばわかるといったものではなく、歴史の背景と共にあることがよくわかる。

その翌日も論議は続いたが、寺内陸相の補足説明はまったく前日の繰《く》り返しであるので割愛《かつあい》する。ただし、小山松寿議員からは言論抑圧の懸念が、浜田国松《はまだくにまつ》議員からは資本主義否定の懸念が強調されていた。

●第六十九回衆議院本会議　一九三六（昭和十一）年五月六日

小山松寿議員　有体《ありてい》に申しますれば、国民大衆には未だこの事件の実相がわかっておらないのみならず、かえって種々《しゅじゅ》の流言飛語《りゅうげんひご》が行われ、人心《じんしん》は依然として相当不安の状態にあります。……広田《ひろた》［弘毅《こうき》］内閣は今回の事件により偶然生まれ出ました。したがってこの議会の中心的使命はこの事件の善後《ぜんご》処置を負担しておるところにあると思います。……この場合何《いず》れよりも必要なるは、言論の自由が保障されなければならぬのであります。（拍手）……近来《きんらい》言論機関の機能が十分に発揮されないために、かえって流言飛語をさかんならしめ、いわゆる怪文書の横行跋扈《ばっこ》をほしいままにし、人心を不安に導《みちび》いておること多大であります。（拍手）……

浜田国松議員　現内閣は組閣の声明においてしきりに挙国一致を要求しておられます。しかし真の挙国一致は、国民をしてまずその言わんと欲するところを言わしむるに出発をするのであります。（拍手）……国民の口を塞《ふさ》ぎ、その筆を奪って人心の安定を求められるということは、実にいわれなきことである。（拍手）漫然と時局の重大に口を藉《か》って、言論の自由を妨《さまた》ぐるがごとき政治が行わるるものであったならば、これは実に立憲政治の破壊行為であります。（拍手）……日本は侵略国家なり、日本は帝国主義なり、彼は武断主義の国家なりという、この錯覚とこの誤解のために受けておる国際的紛糾の基本観念というものは自然解《と》けて来なければならぬ。……一部において自治または国家統制の必要を認むるのでありますが、さりとて……自由経済主義を排撃するという政策だけは危険であるとわれわれは確信をいたします。（拍手）……二・二六事件当時において少壮軍人は蹶起趣意書《けっきしゅいしょ》というものを秘密文書として一般に撒《ま》いた。撒いたから自然にわれわれの眼にも触《ふ》れた。……世界の列強と和睦《わぼく》することは——平和外交を執《と》ることは日本の破滅だという議論、こんな理想の危険なることはどうも驚くべき次第である。……

浜田国松（一八六八～一九三九年）は三重の宇治山田《うじやまだ》（現・伊勢市《いせ》）に生まれ、東京法学院（現・中央大学）を卒業して、弁護士となった。一九〇四（明治三十七）年に初当選して政界人となると、斎藤隆夫や加藤勘十《かとうかんじゅう》らと共に、反ファシズムの旗手として論陣を張った。

鼠《ねずみ》の殿様と粛軍《しゅくぐん》演説

二・二六事件を巡る帝国議会の論議で特筆されるのは、何と言っても斎藤隆夫議員の粛軍演説である。長めに引用するが、憲政史上一、二を争う内容を味わっていただきたい。

●第六十九回衆議院本会議　一九三六（昭和十一）年五月七日

斎藤隆夫議員　……いったい近頃の日本は革新論および革新運動の流行時代であります。……どういう革新を行わんとするのであるかと言えば、ほとんど茫漠《ぼうばく》として捕捉《ほそく》することはできない。……彼らの中において真《しん》に世界の大勢を達観し、国家内外の実情を認識して、たとい一つたりとも理論あり、根底あり、実行性あるところの革新案を提供したる者あるかというと、私は今日に至るまでこれを見出《みいだ》すことができないのである。……昭和維新を唱えて昭和維新の何たるを解《かい》しない。畢竟《ひっきょう》するに生存競争の落伍者《らくごしゃ》、政界の失意者ないし一知半解《いっちはんかい》の学者らの唱えるところの改造論に耳を傾《かたむ》ける何ものもないのであります。（拍手）……満州事件は……その後軍部の一角《いっかく》、ことに青年軍人の一部におきましては、国家改造論のごときものが抬頭《たいとう》いたしまして、現役軍人でありながら、政治を論じ、政治運動に加わる者が出て来たことは争うことのできない事実である。……申すまでもなく軍人の政治運動は国憲、国法の厳禁するところであります。……ご勅諭を拝《はい》しましても、……また陸軍刑法、海軍刑法におきましても、軍人の政治運動は絶対にこれを禁じて、……現役軍人に対しては、大切なるところの選挙権も被選挙権も与えておらないのであります。……私は前年かの五・一五事件の公判筆記を読み、また自ら公判を傍聴いたしまして、痛切にその感《かん》を深くした者であるのであります。……彼らはいずれも二十二三歳から三十歳に足らないところの青年でございまして、軍事に関しては一応の修養を積《つ》んでおるには相違《そうい》ありませぬが、政治、外交、財政、経済等につきましては、無論《むろん》、基礎的学問をなしたることはなく、いわんや何らの経験も持っておらないのである。……五・一五事件に対する軍部の態度が実に今回の一大不祥事件を惹起《じゃっき》したのであると。……事件に関係しましたところの青年将校は二十名……ところがこれ以外により以上の軍部首脳者にしてこの事件に関係しておる者は一人もいないであろうか。（拍手）……世間は確かにこれを疑っておるのであります。

斎藤隆夫（一八七〇～一九四九年、写真11）は、兵庫の出石《いずし》町（現・豊岡《とよおか》市）の農家に生まれた。二〇歳の時に三回目の出奔《しゅっぽん》で東京に向かい、苦学して東京専門学校（早稲田大学の前身）を首席で卒業した。弁護士試験に合格、渡米してイェール大学の法科大学院に入学した。あいにく肋膜炎《ろくまくえん》を患《わずら》い帰国したが、そこで学んだ政治学によって、政治への関心を高める。四二歳で犬養毅率《ひき》いる立憲国民党に入ると、見事に初当選した。

写真11 斎藤隆夫

1936（昭和 11）年 5 月、第 69 回帝国議会で粛軍演説時

小柄で風采《ふうさい》は上がらず、上半身を揺《ゆ》らす癖《くせ》から「鼠の殿様」と愛称された。しかし、聴衆はいつのまにかその演説に引き込まれ、柔軟で明快な論旨《ろんし》は敵味方なく議会全員の心を摑《つか》んだという。しかし、その鋭《するど》い舌鋒《ぜっぽう》は軍部を刺激した。

天保銭組《てんぽうせんぐみ》

斎藤が述べた、軍人の政治不関与の原則は、次のような法構成になっていた。

「本章に掲《かか》げたる条規は陸海軍の法令または紀律《きりつ》に抵触せざるものに限り軍人に準行《じゅんこう》す。」（帝国憲法第三十二条）

「政治に関し上書《じょうしょ》、建白《けんぱく》その他請願をなしまたは演説もしくは文書をもって意見を公《おおやけ》にしたる者は三年以下の禁錮に処す。」（陸軍刑法第百三条、海軍刑法第百四条）

「……世論《せいろん》に惑《まど》わず政治にかかわらず只々一途《ただただいちず》に己《おのれ》が本分《ほんぶん》の忠節を守り……」（軍人勅諭）

帝国憲法の「陸海軍の法令または紀律」とは陸海軍刑法が該当し、軍人勅諭の一節も同様のことを述べている。それらに反して政治にかかわっているではないか、と斎藤は迫ったわけである。

ここで、軍人の身分制度をすこし説明しておきたい。このことが五・一五事件や二・二六事件が起きた潜在的な、しかし大きな要因と思うからである。

「天保銭組」という言葉をご存じだろうか。これは、陸軍大学を出た、少数のエリートを指す。彼らが胸につけた徽章《きしょう》が江戸時代の銅貨・天保通宝《つうほう》（天保銭）に似ていたことから、そう呼ばれた。

彼らは卒業後に参謀本部に配属され、諸外国の大使館つき武官として駐在するなど、エリートコースを歩んだ。危険な第一線に送られることは少なく、悪くても少将になれた。海軍大学を擁《よう》した海軍も、基本的に同じである。

五・一五事件、相沢事件、二・二六事件にかかわった士官たちはすべて、難関と言われた陸軍士官学校・海軍兵学校は出たが、陸軍大学・海軍大学に進学していない人たちであった。昭和になると、陸海軍とも民間以上に学歴主義が強く浸透し、彼らは、行く末はよくて中佐止まりと運命づけられていた。この教育制度・身分制度から来る閉塞感《へいそくかん》が、彼らを突き動かした大きな要因でもあった。実際に二・二六事件後に天保銭の徽章は廃止されている。

斎藤の「軍部首脳者にしてこの事件に関係しておる者は一人もいないであろうか」は、青年将校たちを「おまえたちの気持はようわかる」とおだてて暴れさせ、その御輿《みこし》にうまく乗っかろうとした将官たち（陸軍大学、海軍大学出身）がいたことを鋭《するど》く指摘しているのだ。

当時は国会のテレビ中継はもちろん、ラジオ中継もなかったが、新聞・雑誌は斎藤の演説を大きく報道した。

「斎藤君が起《お》き上《あが》った。決死の咆哮《ほうこう》一時間二十五分！……七日の非常時議会はついに斎藤隆夫氏の記録的名演説を産んだのだ。……場内の私語がぱっと消えた。広田［弘毅］首相、寺内［寿一］陸相に質《ただ》するその一句ごとに万雷《ばんばん》のごとき拍手が起こる。民政［立憲民政会］も政友［会］も無産［政党］も与党も野党もない。煮《に》え繰《く》り返る場内から拍手の連続だ。五・一五事件のことにおよんだ時、議席の犬養健《いぬかいたける》［犬養毅の三男」君がはっと俯伏《ふふく》した。涙を拭《ぬぐ》っておる。憲政擁護に生涯を終始した父君《ちちぎみ》の面影《おもかげ》が、身《み》も心も感奮《かんぷん》のため踊《おど》り上がったのだ。……首相も陸相も俯向《うつむ》いておる。傍聴人も身を乗り出して聴覚を尖《とが》らしている。秋霜裂日《しゅうそうれつじつ》！　深山《しんざん》を闊歩《かっぽ》する猛虎《もうこ》の叫び、四時二十八分！　熱気を帯《お》びた拍手、斎藤さんは壇《だん》を降りた。」（「報知新聞」一九三六年五月九日付《づけ》）

「斎藤君の演説を聞いておる間に、落涙《らくるい》を禁じ得ない程の感激に打たれた。あの演説には私心もない。自分もなければ党もない。名《な》も求めなければ欲《よく》もない。命さえ捨てて顧《かえり》みない。ただただ上《うえ》は聖上《せいじょう》［天皇］、下《した》は万民［国民］、日本帝国のためより外《ほか》には何の考えもない。これがあの言論を吐《は》かしたのだ。まったくわれわれがかつて雄弁家をもって夢にも期待しなかった人から、あの大雄弁が吐露《とろ》されたのは、まったく人力《じんりき》でなくして天意《てんい》である。日本国土を護《まも》らせたまう神がこれを言わしめたのである。」（「民政」一九三六年六月号）

翌日から、何百通もの郵便が斎藤家に舞い込み、その多くは、現在も保管されている。

そのなかで、もっとも印象的なのは、もっとも短く、拙《つたな》い字で書かれた一通の葉書である（写真12）。

写真12 国民の声

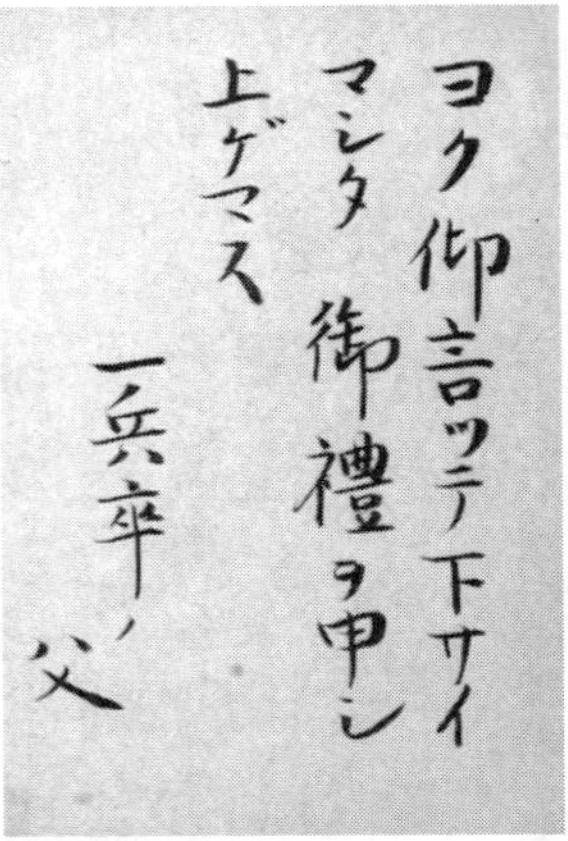
ヨク御言ッテ下サイ
マシタ 御禮ヲ申シ
上ゲマス
一兵卒ノ父

「よくおっしゃってくださいました。御礼を申し上げます」

腹切り問答

この粛軍演説に負けず劣らず有名なのが、浜田国松議員（写真13）による「腹切り問答」である。

●第七十回衆議院本会議　一九三七（昭和十二）年一月二十一日

浜田国松議員　……軍部の人々は大体《だいたい》においてわが国政治の推進力はわれらにあり、……という概《がい》［気概］を持っておらるるということは事実である。（「ヒヤヒヤ」拍手）軍部の大臣が公開の席において、われらの持つ政治の推進力ということを、公式に声明したることは幾度ある。今さらこれを卑怯《ひきょう》にお隠《かく》しになることもなかろうと思う。……この空気というものは、……機会があればこれが政治の方面、経済の方面、社会

写真13 浜田国松

1931(昭和6)年1月、第59回帝国議会で霧社《むしや》事件への質問時

の方面に頭を出すのであります。五・一五事件しかり、二・二六事件しかり、……この独裁思想、軍部の推進的思想というものが、総《すべ》て近年の政治の動揺の本《もと》になる。……優柔不断なる広田内閣のこの決意の弱きがために……何事ぞ、寺内陸相の前議会において概念的説明をわれらの前にせられたる、軍部方面の漫然たる全体主義とかいうものに総てを包んでしまっ

て、……かえって行政「ファッショ」を……守《も》り立《た》てんとしておる。……陸相寺内君は、……浜田の演説中軍部を侮辱するの言辞《げんじ》があるということを仰《おお》せられた。どこが侮辱しておる。(拍手)……いやしくも国民代表者の私が、国家の名誉ある軍隊を侮辱したという喧嘩《けんか》を吹掛《ふっか》けられて後《あと》へ退《ひ》けませぬ。(拍手)私の何らの言辞が軍を侮辱いたしましたか、事実を挙げなさい。(「その通り」と呼ぶ者あり)……

寺内寿一陸軍大臣　私はただ今浜田君が言われたようなことを申してはおりませぬ。速記録をよくご覧くださいまし。(発言する者多し)

浜田議員　……速記録を調べて僕が軍隊を侮辱した言葉があったら割腹《かっぷく》して君に謝《しゃ》する。(「ヒヤヒヤ」拍手)なかったら君割腹せよ。(拍手)

浜田国松は、一九三四(昭和九)年から一九三六(昭和十一)年まで衆議院議長を務め、政界の重鎮だった。だから、このような大口を叩《たた》けたのであり、一般議員では難しかっただろう。

寺内寿一の陸相就任期間は一九三六（昭和十一）年三月から翌年二月までの一年弱と短かった。しかし、二・二六事件の反省としてできた文民・広田内閣を、武官・寺内陸相は陰《かげ》で仕切った。

広田がそれに引きずられたこと、寺内が率先して広田内閣を潰《つぶ》したこと、後継首相に宇《う》垣一成《がきかずしげ》という開明派の陸軍軍人が第一候補となると、陸軍はこれを阻止して林銑十郎内閣を作ったこと。この三つは昭和史のなかで埋没ぎみだが、議会政治の閉塞《へいそく》と陸軍増長の原動力になったことは留意すべきであろう。

第四章

戦争と帝国議会

13 国家総動員法

全権委任法!?

長らく、各地に軍閥・政党が割拠《かっきょ》していた中国では、一九三六（昭和十一）年十二月に西安《せいあん》事件が起きて、国民党（蔣介石）と共産党（周恩来《しゅうおんらい》）の国共合作がなった。

いっぽう、日本の大陸侵攻において、中国や列強の本音は「日本が満州だけに留《とど》まるならいいが、山海関《さんかいかん》（中国華北と満州の境界である万里の長城の東端の町。141ページの図表8）を越えて中国本土に侵入したら許さない」というものであった。

しかし、日本陸軍はこのタブーを破り、一九三七（昭和十二）年七月七日夜の盧溝橋事件をきっかけとして、日中戦争が起こってしまった。日中両国共に正式な宣戦布告をしなかったので、当時「支那事変」と呼ばれたが、実際は大戦争であった。しかも予想外に拡大、膠着《こうちやく》した。これ以降、太平洋戦争終結までの約八年間、日本の内外に起こったことのほとんどが日中戦争からの連鎖であり、因果関係でつながっている。したがって、「八年戦争」という言葉がよく使われる。

そして、日中戦争が行き詰《いづ》まった時期に、日本の人的《じんてき》・物的《ぶってき》資源をいちいち法律によらず、勅令によって簡便に使用できるよう作られたのが、国家総動員法である。五〇条もあるが、次の重要条文だけ見ても、骨子《こつし》がわかる。

第一条　本法において国家総動員とは、戦時（戦争に準ずべき事変の場合も含む。以下これに同じ）に際し、国防目的達成のため国の全力をもっとも有効に発揮せしむるよう人的および物的資源を統制運用するをいう。

第二条　本法において総動員物資とは左に掲《かか》ぐるものをいう。

…

第三条　本法において総動員業務とは左に掲ぐるものをいう。

…

第五十条一、本法の施行に関する重要事項（軍機に関するものを除く）につき政府の諮問《しもん》に応ずるため国家総動員審議会を置く。

二、国家総動員審議会に関する規程は勅令もってこれを定む。

同法案は、一九三八（昭和十三）年二月の第七十三回帝国議会に政府側から提出された。

●第七十三回衆議院本会議　一九三八（昭和十三）年二月二十四日

斎藤隆夫議員　……戦時もしくは戦争に準ずべき事変にあたりまして、日本全国にまたがって……人間と物資この両者を併《あわ》せて統制をなし、これによって憲法上に保障せられておりまするところの日本臣民《しんみん》の権利自由および財産、一言にして申しまするならば、すなわち国民の生存権、これに向かって一大制限を加《くわ》えんとするものでありまするが、これを今日《こんにち》国家の現状に照らして、このごとき立法がはたして必要であるかないか、……きわめて真剣に検討せねばならぬところの重大な問題であるのであります。（拍子）……

●第七十三回衆議院国家総動員法案委員会　一九三八（昭和十三）年二月二十八日

広田弘毅外務大臣　本案は現代戦の特質であるところの国力戦の必要に応ずべき所要の措置《そち》を、戦時に際して敏速に講《こう》じ得べき根拠を想定したものでありまして、……戦時発動を必要とする政府の権限の大綱は、……予《あらかじ》め議会の協賛を経《へ》てこれを定めておきまして、……臨機《りんき》の措置を講じ得ることといたしまするのが適当と考えます。

……

植原悦二郎《うえはらえつじろう》委員　……国家総動員法案は、わが立憲政治始まって以来はじめての、ほとんど画期的と申すか、革命的とも申すべき大法案であると思います。この法案の関するることは、憲法第二章の臣民の権利、義務、生命、財産、自由等を総括的に左右するものでありますので、……

識者《しきしゃ》の議員たちは、このような全権委任的な法案に強い疑義を呈《てい》したのである。しかし、時勢は軍部の専横状態だったので、徹底的な追及ができず、法案は議会を通過、成立してしまったのである。

「黙れ！」

同法案の説明員として委員会に出席した、陸軍の佐藤賢了《さとうけんりょう》中佐の発言は物議《ぶつぎ》を醸《かも》した。

●第七十三回衆議院国家総動員法案委員会　一九三八（昭和十三）年三月三日

板野友造《いたのともぞう》委員　……戦時には総動員があるかもしれない。総動員があるぞ。そのいかなるものであるかということは法律にはないのだ。……内容のわからないのに何の覚悟ができるか。……

佐藤賢了中佐　……法律の理論は知りませぬけれども、私どもそういう実際から、誠心誠意より、この戦時体制の準備ということを、法律によろうという考えを持っておるのであります。……（「委員長あれは何ですか、政府委員ですか」と呼ぶ者あり）

小川平吉委員長　説明員です。

佐藤中佐　私は許可を得ております。……（「討論はいかぬ」「討論は許されませぬ」と呼び、その他発言する者あり）

佐藤中佐　私は説明を申し上げるのであります。（「委員長いかなる限度にお許しになったのですか」「まったく討論じゃないか」と呼び、その他発言する者あり）

小川委員長　まあもうすこし……

佐藤中佐　皆様が悪いとおっしゃれば止《や》めます。あるいは聴いてやろうとおっしゃれば申し上げます。（「止めたほうが穏《おだ》やかだ」「やりたまえ参考になる」と呼ぶ者あり）

佐藤中佐　しからば申し上げます。（「止めたほうが穏やかだ」と呼び、その他発言する者あり）

佐藤中佐　黙れ！――（「『黙れ！』とは何だ」と呼び、その他発言する者多し）

佐藤賢了（一八九五〜一九七五年）は陸軍大学出身、アメリカにも駐在したエリートである。東条閥に属し、のちに陸軍省軍務局長、師団長と昇進した（最終階級は中将）。終戦後は最年少のA級戦犯となり無期懲役となったが、のちに釈放されている。

この時、佐藤は政府の意向で議場に呼ばれたようだ。その後いくつかのやりとりがあったが、結局、佐藤は渋々《しぶしぶ》発言を取り消した。後日杉山元《すぎやまはじめ》陸相から陳謝がなされたが、佐藤本人には処分はなかった。佐藤の態度は当時の軍部の恫喝的《どうかつてき》スタンスを象徴している。し、その発言「黙れ！」は言論の府《ふ》である帝国議会を否定するものだった。

写真14 近衛文麿

1931(昭和 6)年 1 月、自邸にて。貴族院副議長時

イメージ先行の人気首相

林銑十郎内閣が四カ月で総辞職すると、内閣を組織したのは近衛文麿《このえふみまろ》（写真14）である。明治・大正期の多くの首相が下級武士家庭の出身だったが、平安以来の五摂家《ごせっけ》・近衛家の当主という〝セレブ〟は国民にとって新鮮であり、大歓迎された。「漆黒《しっこく》の髪に秀麗《しゅうれい》な眉《まゆ》、ゴルフで鍛《きた》えた五尺八寸の長身の青年貴族」（当時の新聞より）というビジュアル性は、女性の心を摑《つか》む。知識人の間でも、一高から京都帝国大学に進み、哲学から一時マルクス主義にもかぶれ、文学も好きであったというインテリ性に期待する向きは多かった。

近衛を大衆迎合型《げいごうがた》のポピュリストと評する向きもあるが、的外《まとはず》れである。彼自身は大衆に迎合する意図や計算はほとんどなかったが、ニュースで大きく取り上げられ、浮《うわ》ついた人気が先行しただけである。

写真15 翼賛《よくさん》選挙

1942（昭和 17）年 4 月、翼賛選挙貫徹大講演会で演説する東条首相

近衛は第一次から第三次まで三回内閣を組織したが、日中戦争の勃発、国家総動員法、日独伊三国同盟の締結、大政翼賛運動のすべてにかかわっている。

大政翼賛運動とは、各政党が解党して大政翼賛会に参加し、総裁には首相が、各道府県支部長には知事が就任するというものだった（写真15）。しかし、組織的、法的裏づけが乏しく、感覚的なかけ声だけが先行していた。帝国議会でどのように論議されたかを見てみよう。

●第七十六回衆議院予算委員会　一九四一（昭和十六）年一月二十四日

桜《さくら》井《い》兵《ひょう》五《ご》郎《ろう》委員　……大政翼賛会の

関係におきましても、憲法との関係はどうなるのであるか。伊藤公《こう》［公爵］の憲法義解の劈頭《へきとう》におきまして「大臣の輔弼《ほひつ》と議会の翼賛とにより機関各々そのところを得て」、こういうことが明らかにされておるのであります。国法《こくほう》にもとづくところの翼賛の機関は議会であるということがここに明らかになっております。……

近衛文麿総理大臣　……今度私《わたくし》共《ども》が大政翼賛運動というものを提唱いたしましたのも、またこの憲法によって拡充せられ、発展せしめられた肇国《ちょうこく》以来の万民翼賛の政治原理を、なおさらにこの時勢の必要に応じていっそうこれを拡充し、発展せしめるという趣旨にほかならないのでございます。……

桜井委員　……国政と統帥《とうすい》の関係について深きご留意があったように想像いたしておりました。……差《さ》し支《つか》えない限度において、……ご説明を願いたいと思います。……

近衛総理大臣　……おたずねの統帥と国務の関係につきましては、……組閣以来しばしば陸海軍大臣はもとより、統帥部の方々《かたがた》とも密接なる連絡を執《と》りまして、常に統帥と国務との間の調和が完全にまいりまするように努力をいたしております。……

桜井委員　……国家総動員法を提出せられて議会で可決いたしました時も、これは第一次近衛内閣の時でありましたが、総動員法の性質といたしまして、立法府が持っておりますところの権限を、大体において白紙委任状の形で行政府へ委任する、これは相当そこは重大な問題なのである。……ご承知の通り「ドイツ」におきましては、あの授権法《じゆけんほう》というものが成《な》り立っておる。これはほとんど立法府はもう必要のない程度にまで至っておるものであります。けれどもこれは「ドイツ」の国情《こくじよう》においてはじめてこれが考えられることである。……幾多《いくた》の連邦国家、しこうして異民族を沢山包《ほう》含《がん》したるところの国家、……一元的に敏活《びんかつ》なる行動をなすために……「ドイツ」においてのみその必要に基《もとづ》いてこれができることである。……

授権法（全権委任法とも言う。正式名称・民族および国家の危難を除去するための法律）は、ナチスが政権奪取後のドイツで成立した、政府に無制限の立法権を与える法律である。

第一次世界大戦後、ワイマール体制下のドイツでは、多額の賠償金の支払い、不況、失業、インフレなど経済的苦境にあえいでいた。元来《がんらい》議会軽視主義者だったヒンデンブルク大統領は、必要に応じて緊急令を発して繕《つくろ》っていた。そのような状況下、勢力を伸ばしたナチス党が政権を奪取、一九三三（昭和八）年三月には同法が国会の多数決で可決された。これは、実質的に首相ヒトラーに全権を白紙委任するものであるが、国会で承認され手続きとしては「合法」であった。

これに対して、国家総動員法と大政翼賛運動のセットは帝国憲法の超拡大解釈、すなわち「違憲」の可能性が高かったのである。

法律は束《たば》ねると危険！

二〇一六（平成二十八）年三月二十九日、安倍晋三政権が強引に推《お》し進めてきた安全保障関連法が施行された。これは、一〇法案をひとつに束ねた平和安全法制整備法と、自衛隊をいつでも海外に派遣できる国際平和支援法の二つからなっている。

そもそも、自衛隊の海外派遣は一九九一（平成三）年のペルシャ湾への掃海艇派遣以来、日本国憲法では否定されている集団的自衛権行使であるとの議論がずっと続いてきた。そして、自衛隊が海外派遣される一件ごとにその事案だけの特定法を作り（図表13）、

	根拠法
	自衛隊法
	テロ特措法
	イラク特措法
	海賊対処法

図表13 自衛隊の海外派遣と関連法

分類	派遣時期	派遣場所	理由
後方・復興支援	1991. 4～11	ペルシャ湾	機雷掃海
	2001. 11～2010. 1	インド洋	給油・後方支援
	2004. 1～2008. 12	イラク	復興支援
ＰＫＯ	1992. 9～1993. 9	カンボジア	停戦監視
	1993. 5～1995. 1	モザンビーク	停戦監視
	1996. 2～2013. 1	ゴラン高原	停戦監視
	2002. 2～2004. 6	東ティモール	停戦監視
	2007. 3～2011. 1	ネパール	停戦監視
	2008. 10～2011. 9	スーダン	停戦監視
	2010. 2～2013. 1	ハイチ	停戦監視
	2010. 9～2012. 9	東ティモール	停戦監視
難民救済	1994. 9～12	ルワンダ	
	1999. 11～2000. 2	東ティモール	
	2001. 10	アフガニスタン	
	2003. 3～4	イラク	救援物資の空輸
国際緊急援助	1998. 11～12	ホンジュラス	ハリケーン被害
	1999. 9～11	トルコ北西部	地震被害
	2001. 2	インド西部	地震被害
	2003. 12～2004. 1	イラン	地震被害
	2004. 12～2005. 1	タイ	スマトラ沖地震被害
	2005. 1～3	インドネシア	スマトラ沖地震被害
	2005. 8	カムチャッカ	ロシア海軍潜水艇遭難
	2005. 10～12	パキスタン	地震被害
	2006. 5～6	インドネシア	ジャワ島沖地震被害
	2010. 1～2	ハイチ	地震被害
	2010. 8～10	パキスタン	洪水被害
	2013. 11～12	フィリピン	台風被害
海賊対策	2009. 3～	ソマリア沖	商船航行掩護

国会の多数決を得て、行われてきた。それを今回、能率向上を期《き》して、束ねてしまったのである。

時間をかけて丁寧《ていねい》に、事案や事件ごとに是々非々《ぜぜひひ》で進むのが民主体制であろう。対して、多くの法を束ねた法、多くの既存法に代わる一法、あるいはすべてを任せる白紙委任的な法の制定は時代と領域と規模は異なるが、国家総動員法にも似て、違憲の可能性を大きく孕《はら》むものである。

立法府は法を作れるが、法を廃止することもできる。現在（二〇一六年六月）、護憲を目指す勢力が、国会で廃案に追い込もうとしているのは、このためである。

14 太平洋戦争

「いつ戦争をしたら勝てるか?」「今!」

一九四一(昭和十六)年四月、日ソ中立条約が締結された。このことは北進《ほくしん》(ソ連への侵攻)より南進《なんしん》(資源獲得を目的とした東南アジア進出、究極的に日米戦争も指す)に日本の方向が定まった証左でもある。

連合国(米英仏中)側は、南方から中国(蔣介石)に物資を援助する援蔣《えんしょう》ルートを機能させ、日中戦争は泥沼化していった。日本は雲行きが怪《あや》しくなってきた日米関係に備え、石油などの資源確保のため南方に奔走する。一九四〇(昭和十五)年から一九四一(昭和十六)年にかけての日米間の動きを図表14にまとめてみた。

アメリカは主に経済的制裁によって、じわじわと日本の首を真綿で締めてきた。日本は武力で事態を打開できないか焦《あせ》る。そして、国家の最終意思決定を模索しつつ、一九四一

（昭和十六）年も押し迫ってから、大本営政府連絡会議と御前会議のセットが三回開かれ、鳩首《きゅうしゅ》会議となるが、日本の対米条件は既成事実のように硬直化しており、一つの流れに収斂《しゅうれん》していった。

●大本営政府連絡会議　一九四一（昭和十六）年十月十四日

近衛文麿総理大臣　日米交渉は難しいが、［中国大陸の］駐兵問題に何とか色つやをつければ外交の見込みありと思う。

東条英機陸軍大臣　……陸軍としては駐兵問題を譲《ゆず》ることはできない。看板を塗り替えるなど言うが、これは撤兵と言うので、軍の士気《しき》に関す。これは譲らぬ。駐兵以外にも問題は残っている。駐兵が中心となるというのは当方《とうほう》の想像だ。

近衛総理大臣　戦争は心配だ。……

豊田貞次郎《とよだていじろう》外務大臣　確信を持てと言われるが、米側と話のつかないのは駐兵、［日独伊］三国同盟の自衛、支那の近接特殊緊密関係の三点が主でその他にも若干《じゃっかん》ある。米国は支那および仏印《ふついん》［フランス領インドシナ、現在のベトナム・カンボジア・ラオス］から撤兵に関し日本の明確な返事をくれと要求しており……

図表14　太平洋戦争に至る過程

	日本側行動	米国側行動
1940（昭和15）年１月		日米通商航海条約失効
７月	大本営政府連絡会議で対米戦視野に	
８月		鉄鋼・屑鉄禁輸
９月	日独伊三国同盟締結	
1941（昭和16）年２月	最初の野村・ハル会談	最初の野村・ハル会談
６月	大本営連絡会議で南進決定	
７月	仏印進駐	在米日本資産凍結
８月		石油禁輸
10月	近衛邸五相会談で中国撤兵に東条陸相反対	
	東条内閣成立	
11月	来栖特使渡米	ハル・ノート手交
12月	対米戦決意	
	真珠湾攻撃	開戦

東条陸軍大臣　北仏における陸軍の行動は……軍事が外交を阻害しているにあらずして、外交が軍事を妨《さまた》げているのだ。次に撤兵問題は心臓だ。撤兵を何と考えるか。……米国の主張にそのまま服《ふく》したら支那事変の成果を壊滅するものだ。満州国をも危《あやう》くする。さらの朝鮮統治も危くなる。……満州事変前の小《しょう》日本に還元するならまた何をか言わんやであります。撤兵を看板にするというが、これはいけませぬ。撤兵は退却です。……駐兵は心臓である。……基本をなす心臓まで譲る必要がありますか。これまで譲りそれが外

交とは何か。降伏です。……たとえ他は譲ってもこれは譲れぬ。

近衛は、日米戦争の直接的原因となった日中戦争を始めておきながら、日米戦争には反対であった。しかし、この期《ご》におよんで、もはや流れは止められなかった。近衛が優柔不断と言われる所以《ゆえん》である。

●大本営政府連絡会議　一九四一（昭和十六）年十一月一～二日

賀屋興宣《かやおきのり》大蔵大臣　このまま戦争せずに推移し、三年後に米艦隊が攻勢を取ってくる場合、海軍として戦争の勝算ありや否《いな》や。

永野修《ながのおさみ》軍令部総長　それは不明なり。

賀屋大蔵大臣　米艦隊が進攻して来るか来《こ》ぬか。

永野軍令部総長　不明だ。五分五分《ごぶごぶ》と思え。

賀屋大蔵大臣　来ぬと思う。来た場合に海の上の戦争は勝つかどうか。

永野軍令部総長　今戦争をやらずに三年後にやるよりも、今やって三年後の状態を考えると、今やるほうが戦争はやりやすいと言える。

賀屋大蔵大臣　勝算が戦争三年目にあるのなら戦争をやるのもよろしいが、永野の説明によれば、この点《てん》不明瞭だ。しかも自分は米が戦争しかけてくる公算《こうさん》は少ないと判断するから、結論として今戦争するのが良いとは思わぬ。

東郷茂徳《とうごうしげのり》外務大臣　私も米艦隊が攻勢に来るとは思わぬ。今戦争する必要はないと思う。

永野軍令部総長　「来《きた》らざるを拒《こば》むなかれ」ということもある。先は不明。安心はできぬ。三年経《た》てば敵の防備が強くなる。敵艦も増える。

賀屋大蔵大臣　しからばいつ戦争をしたら勝てるか。

永野軍令部総長　今！　戦機は後《あと》には来ぬ。（強き語調にて）

国家の意思決定メカニズム

開戦の是非など国家の重要意思決定は、米英仏など民主国家では閣議や五相会議（首相、蔵相、外相、陸相、海相）で行われる。それで十分であり、逆にそれ以上の雑音は入れてはいけない。

ところが、日本ではそれらに参謀（陸軍参謀総長、海軍軍令部総長以下）が入る大本営政府連絡会議で行う。それでも明治・大正期までは、文民と軍人が調和していたが、昭和に入ると武断主義が強くなり、同会議に参加する軍人の人数や声がどんどん大きくなっていった。

中国から撤兵していれば、太平洋戦争は起こらなかった可能性が高い。しかし、戦争直前の帝国議会は、もはや政府側のゴリ押しだった。近衛内閣総辞職後、一九四一（昭和十六）年十月十八日に組閣した東条英機首相の発言を見てみたい。

●第七十七回衆議院予算委員会　一九四一（昭和十六）年十一月十八日

中島弥団次《なかじまやだんじ》委員　……大体《だいたい》この日米交渉について七カ月もやって国民は全然つんぼ桟敷《さじき》に座《すわ》らせられておる。何が何やらわからぬことにしておくから国民の時局認識が少なくなるのですよ。これをやはり国民に知らしてやらなければいかぬ。……今日の新聞によりますると、日本のほうの譲歩がなければ日米の妥協はできないなどと言っておる。

……両国の主張の一致は私はなかなか難しいと考える。…

……

……私共《わたくしども》はもはや戦争の前夜という感じがいたすのであります。……陸軍と海軍とのこれに対する準備は十分にできておることであると私は思いますが、……ご答弁、ご声明あらんことを希望いたします。

東条英機総理大臣兼陸軍大臣　……陸軍といたしましては、これに十分応じられるだけの準備あり、こういう風《ふう》にお考えを願いたいのであります。その点につきましては全日本国民全然ご安心を願ってよろしいものとご承知願いたいのであります。(拍手)

嶋田繁太郎《しまだしげたろう》海軍大臣　……帝国海軍はただ今おたずねのような事態に対しまして万般《ばんぱん》の準備を整《ととの》えております。(拍手)

東条総理大臣兼陸軍大臣　……私、今日《こんにち》まで長い陸軍生活をやってまいりましたが、今日程私は今ご心配の統帥と国務に調和の取れておる時代はないと思っております。……もちろん原則から申しまして統帥は憲法上の国務の圏外に立っております。日本においては列国とは違ってその点は二元であります。そうして天皇陛下におかせられてこれをご統一になっております。これはまた特殊のそこに妙味《みょうみ》があるのであります。……

東条のまとめの文句はいかにも美文調であるが、歴史と論理にまったく裏づけられていない。統帥権は国務と別であることを強弁《きようべん》しており、これは戦争をやる・やらぬの意思決定まで含め、すべて軍部（東条は現役軍人のまま首相に就任）に任せろ、ということである。

報道管制

本書においては、戦艦武蔵がどのように沈んだか、などの戦史は省くが、太平洋戦争の戦況の節目だけを洗い出せば、次のような経緯になる。

一九四一年十二月八日　日本軍、ハワイ真珠湾《しんじゆわん》攻撃。
一九四二年六月初旬　ミッドウェー海戦敗北。
一九四三年二月初旬　ガダルカナル島陥落。
一九四四年七月七日　サイパン島陥落。
八月十一日　グアム島陥落。

一九四五年三月十日　　東京大空襲。
三月二十五日　硫黄島《いおうとう》陥落。
六月二十三日　沖縄陥落。
八月六日　広島に原子爆弾投下。
八月八日　ソ連の対日参戦。
八月九日　長崎に原子爆弾投下。
八月十五日　日本、無条件降伏。

一九四一（昭和十六）年十二月に始まった太平洋戦争は真珠湾攻撃以来、最初の半年は時間が稼《かせ》げたが、一九四二（昭和十七）年半ばのミッドウェー海戦の敗北で流れが変わり、その後の三年間は凋落《ちょうらく》の一途を辿《たど》り、一九四五（昭和二十）年八月に終戦を迎えた（図表15）。

この間、国民の知り得る情報は新聞とラジオが主だったが、軍部は報道管制を敷《し》き、マスコミもその統制下にあった。戦況は日本の都合の良いように事実を曲《ま》げて伝えられ、国民が実態に気づくには時間がかかった。しかし、アメリカ側の報道や国際的報道が日本に洩《も》れてくると、事実は蔽《おお》いきれなくなる。

帝国議会議事録を見ても、一九四二（昭和十七）年末までの一年間は、東条政権に対する服従と迎合論議しかなく、本書に載録する価値はないが、一九四三（昭和十八）年に入ると、すこしずつ客観的観測と論議が出てきた。

㊙第八十一回衆議院予算委員会秘密会　一九四三（昭和十八）年一月三十日

谷正之《たにまさゆき》外務大臣　……米国は開戦当初連敗を喫《きっ》しましたので、相当動揺をいたしました。しかしながらその後生産過程が比較的順調にまいりまして、ことに政府におきましては、結局この戦《いく》さは物力の優勢なほうが勝つのだというようなことをもって指導いたしましたので、やや楽観的な気分が浸潤《しんじゅん》しまして、昨年の後半期以降は戦意が相当昂揚《こうよう》せられたという風《ふう》に見受けられるのであります。……

……

……最近独「ソ」戦線が多少旨《うま》くいっていないということはご承知の通りでありますが、これに対して「ドイツ」首脳部におきましても、ある程度まで後退のやむないということを考えて、これを率直に認めておるのであります。

図表15 太平洋戦争の推移

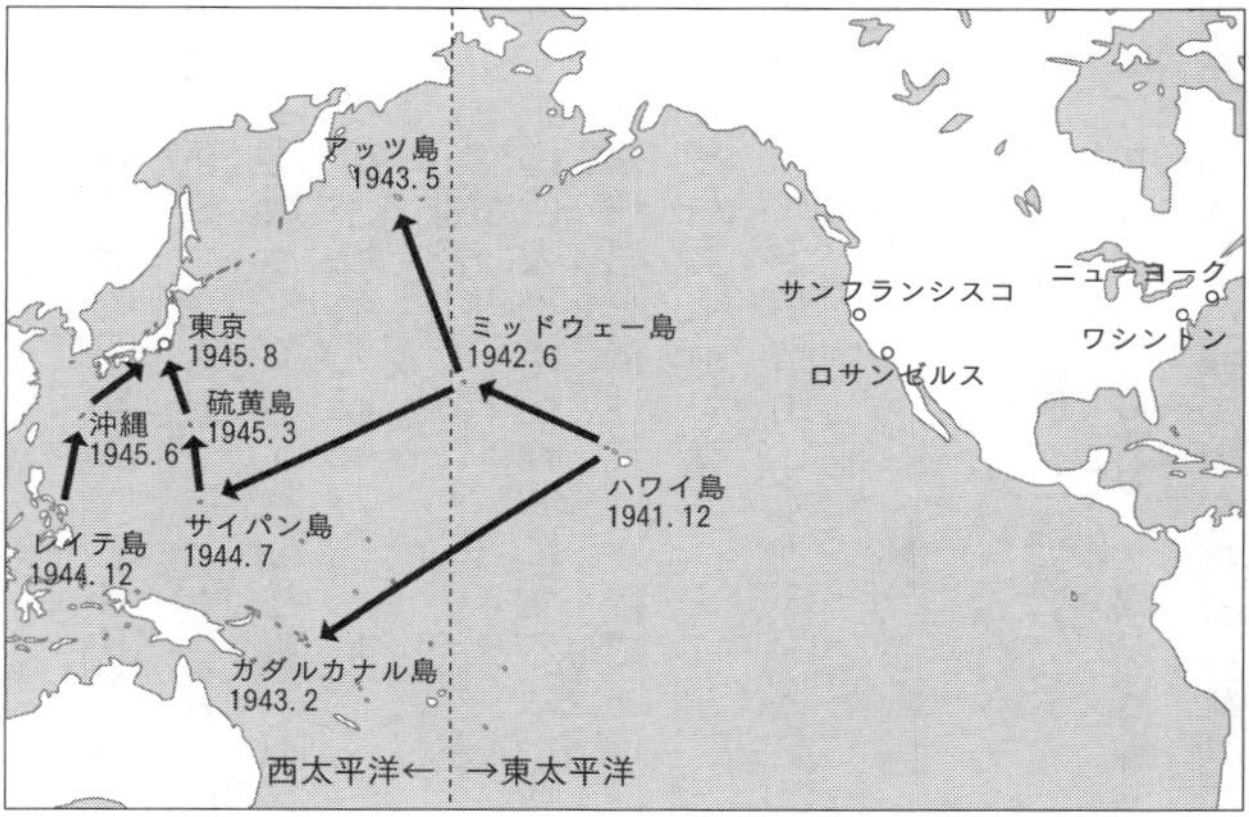

㊙第八十一回衆議院予算委員会秘密会　一九四三（昭和十八）年一月三十一日

佐藤賢了委員　……南太平洋方面におきましては、昨年……「ガダルカナル」に八月はじめに有力な海軍に護衛された「マリン」一個師団が突如上ってまいったのであります。……友軍《ゆうぐん》救援の熱意に燃えて、……兵力の劣勢を構《かま》わず突進をいたしましたところが衆《しゅう》寡《か》敵せず、その支隊長諸共《もろとも》大部分は殲滅《せんめつ》的打撃を受けたのであります。……土木作業に機械力をもって、われが二カ月ないし三カ月かかって造るようなところを数日で造るというように、飛行場を造ることにきわめて妙《みょう》を得ております……

谷外相の状況説明には、アメリカが自信を回復して物量攻勢をかけていることやドイツの敗勢が正直に語られている。また、佐藤政府委員（陸軍省軍務局長）は、ガダルカナルの戦闘の速報として、ほとんど包み隠さずにアメリカの兵力・物量攻勢優位と機械力の威力を認めていた。

改めて、図表15（227ページ）を見ると、太平洋戦争において、日本はハワイを最東端として、主に西太平洋を戦域にするしか戦闘能力を持たなかったのに対して、アメリカは最初から東京攻略を掲《かか》げていたのである。このことだけでも、日本の対米宣戦は〝禁《きん》じ手《て》〟だったことがよくわかる。

しかし、戦争が激化しても帝国議会は開かれ、論議が行われていたことは評価されていいだろう（写真16）。

言論・思想統制に抗《こう》した議員たち

次に、弁護士出身の清瀬《きよせ》一郎《いちろう》が言論・思想統制に対して厳しい批判をし、戦後に大日本愛国党を結成した赤尾敏《あかおびん》が政府の統制に噛《か》みついた場面を見てみよう。

写真16 戦時下の帝国議会

1943(昭和18)年12月、第84回帝国議会開院式に臨席後、退出する昭和天皇(中央車両)

●第八十一回衆議院本会議　一九四三(昭和十八)年二月十六日

清瀬一郎議員　……支那事変以来、言論報道に関しましては、色々な法令が出ております。……政府の手に委《ゆだ》ねられた検閲が非常に法律上多くなっておる、また強くなりました。……総理大臣はじめ閣僚諸君の言説《げんせつ》が、十分に報道されることは……よろしいが、これと同時に国民の声、ことに議会における言論は、国民の声でありまするが、国民自身は国民の声を自《みずか》ら聴くことによって鼓舞《こぶ》され、激励されることが非常に多いです。（拍手）……ご無理ごもっともではこれは議会じゃない。（「その通り」と呼ぶ者あり）……日露戦争は桂首相は、世の中の批判を受けつつ戦争をし、講和条約をやったのです。……だからして東条総理大臣および閣僚諸君についても、無いことを有《あ》るがごとくに言ったり、善いことを悪いように言うことは、これはよくありませぬ。……憲法論、勅旨《ちよくし》と同じで大権干犯などということを、濫発《らんぱつ》してはよろしくありませぬ。みだりに事《こと》を大権に托《たく》して相手を圧伏《あつぷく》するということは、私は採りませぬ。……

…

赤尾敏議員　……まず第一番におうかがいしたいことは、国政変乱ということです。……こういう怪《あや》しげな文句は、解釈の仕方によって、どうでも解釈ができるすこぶる曖昧《あいまい》な文字であります。……本立法は御用《ごよう》運動以外の政治運動、思想運動、こういう国民運動をいったい抑圧してしまって、欧州の某々国［ドイツ］のように官僚独善の、専制的……斬捨御免《きりすてごめん》の政治をやろうというのか、どうかということなんである。……こういう不愉快な法律を作って（笑い声）強権によって人民を抑圧するというようなことは、お止《や》めになったほうがよろしいと思う。……

岡田忠彦《おかだただひこ》議長　赤尾君、あなたの今のお話の中に多少不穏当《ふおんとう》かと思う点があったように思われる。これはいずれ速記録を見たうえで、しかるべく処置いたしますから、申し上げて置きます。

岩村通世《いわむらみちよ》司法大臣　……国政変乱とは、前の議会にご協賛を経《へ》てすでに実施になっておりまする戦時刑事特別法第七条に規定せられておるところでありまして、……

清瀬一郎はさすがに法曹界出身だけあって理路整然としており、首相および閣僚に対して、言動を十分考え慎《つつし》むよう警告を与えている。彼は、東京裁判で日本側弁護団副団長や東条の主任弁護人を務めたことでも知られる。

また、戦後は右翼の象徴とされた赤尾敏が、戦時中は政府の統制に対して堂々と批判している。「欧州某々国のように専制的斬捨御免の政治をやろうというのか」という言葉からは、ナチスやファッショに反感を持っていたことがうかがえて、興味深い。

二人の発言は、当時の東条首相が憲兵などを用いて威勢を保ち、彼におもねる議員ばかりだった時期を考えると、相当な勇気と覚悟が必要だったろう。

しかし、日本の敗勢がはっきりしてくると、三年弱続いた東条体制は一九四四（昭和十九）年七月に終焉、小磯国昭《こいそくにあき》内閣に代わった。建前上《たてまえじょう》はまだ徹底抗戦であったが、議員側は若干ものを言いやすくなったようである。

政府側も実勢を隠しようがなく、強硬論だけでは帝国議会を渡れなくなってきた。また、東条内閣時代は表向《おもてむ》き「国務と統制の二元論」、実態は「統帥の国務超越」が強行されてきたが、帝国議会がそれを否定し始めた。次の安藤正純《あんどうまさずみ》議員の発言は象徴的である。

●第八十五回衆議院本会議　一九四四（昭和十九）年九月八日

安藤正純議員　……この大戦争は政府のみの戦争ではない。また軍部のみの戦争ではない。国民一人一人の戦争であり、それを結集した国家の総力戦でありますから、……戦争指導の責任は当然総理大臣にあることは、総理大臣自《みずか》らの声明通りでございます。したがって統帥と国務とは建前は別であるが、現在の重大なる場面においては、実際上は総理のいわゆる吻合《ふんごう》［ぴったり合うこと］の程度ではなく、一体《いったい》である。

……

15

ポツダム宣言受諾

首相に権限を集中させよ

一九四四（昭和十九）年七月のサイパン陥落で日本本土の本格的空襲は十分予想されたが、一九四五（昭和二十）年に入ると、B−29による空襲は激化、敗色濃厚となった。特に、同年三月十日の東京大空襲後（写真17）、国民は達観、諦念《ていねん》していた。

小磯首相は東京大空襲後に被災地を視察したところ、被災民より「わざわざお越しいただいてまことに恐縮に存じます。……われわれのことはご心配くださりませんよう」と言われたという。これを議会で披露したところ、さっそく反論されている。

●第八十六回衆議院予算委員会　一九四五（昭和二十）年三月二十三日

田中伊三次《たなかいさじ》委員　……総理大臣がそういう風《ふう》に物《もの》をお考えになっておりますと、大変な間違いだと思うのであります。お忙しいところをわざわざお越しいただいてまことに恐縮に存じます。ご心配くださるなというのは、一つの挨拶《あいさつ》なのであります。その挨拶を儀礼以上のことととしてお考えになっておりますと、施政の上に間違いが起こりやすいと私は思う。……最近の民心《みんしん》、ことに戦災を被《こうむ》りました前後からの民心の状況はお説《せつ》とは反対であります。……ずばっと言うたら、もう戦争は駄目じゃないかと国民は皆《みな》思っている。……

米内光政《よないみつまさ》海軍大臣　……必ずや押し返す。それに邁進《まいしん》するのであります。これだけの決意を持ってやっております。これだけはご安心を願います。

阿子島俊治《あこしましゅんじ》委員　……今度の空襲におきまして非常なる戦災を受けたことは、大体《だいたい》罹災者をはじめ東京都民あるいは大阪、名古屋の市民のすべて知っておることであります。しかるにこういう人々が焼け野原の中に立ちまして、しかもその翌日、「ラジオ」あるいは新聞の発表によりまして損害軽微《けいび》であるというような発表を見ました時に、自分の周囲が全部焼け出されておるのに、これでなお損害軽微であるか、……この大本営の発表について、もうすこし国民に実相を教えるように改善していただかなければ、非常なる問題が起こるということを予《あらかじ》めお考えになっていただかなければ

写真17 空襲後の視察

1945(昭和 20)年３月、東京大空襲後に視察する昭和天皇。蓮沼《はすぬま》蕃《しげる》侍従武官長、藤田尚徳《ふじたひさのり》侍従長、木戸幸一《きどこういち》内大臣が続く

ならぬと思うのであります。……

田中伊三次（一九〇六～一九八七年）は立命館大学の夜学を出た苦労人で、一九四二（昭和十七）年に大政翼賛会の推薦を受けない非推薦で衆議院議員に初当選した。この当時はまだ若く、戦後に自民党で活躍した。放言癖はあるが硬骨漢《こうこつかん》と言われた男の面目躍如《めんもくやくじょ》である。

一九四五（昭和二十）年四月、小磯内閣から鈴木貫太郎内閣に交代したが、空襲はますます激化する。いっぽうヨーロッパでは盟邦ドイツが同年五月に降伏、日本は世界中を敵とするまったく孤立無援の状況に追い込まれた。

このような状況下、同年六月九日から六月十二日にかけて第八十七回臨時帝国議会が招集された。阿南惟幾《あなみこれちか》陸相は徹底抗戦と本土焦土作戦を訴《うった》え、米内海相と鈴木首相も形式的には戦争継続を唱えていた。しかし、太田正孝《おおたまさたか》議員は情報開示の緊急性、戦争指導の首相への集中を訴える。

●第八十七回衆議院本会議　一九四五（昭和二十）年六月九日

太田正孝議員　……「ガダルカナル」転進《てんしん》以来……「サイパン」を退《しりぞ》き、硫黄島を失陥《しっかん》し、現《げん》に沖縄における特攻隊をはじめ、血みどろの奮戦力闘《ふんせんりきとう》は、……ただ今、米内海軍大臣の言葉にもありまする通り、戦勢《せんせい》としてはわれに利《り》ならず、正《まさ》しく重大なる段階に突入せんとしておるのである。……いわんや「ドイツ」敗れて、米英はじめわれに宣戦せる群小国を指折り算《かぞ》える時は、全世界の大半を敵とするにおいておやであります。……正《まさ》に政治の大道《だいどう》は国民の信《しん》を得るにある。……空襲の災害小《しょう》なりと言ったものを眺めて見れば、四月はじめ帝都のみについても罹災家屋五十二万、罹災者百二十万とは辻褄《つじつま》の合わざることであります。……ましてや公然と外国に知れ渡り、知らぬは国民ばかりなる場合あるにおいておやである。（拍手）……内閣総理大臣はただ大本営の議に参与《さんよ》しておるにすぎない。統帥と国務との調整吻合《ふんごう》の役割に参加しておるにすぎない。われらは戦局指導の責任を持つべきものは内閣総理大臣たるべきではないかと信じておるのであります。（拍手）……

断末魔《だんまつま》の日本は内実《ないじつ》、停戦を模索していた。不可侵条約関係にあるソ連に仲介を頼むべきという、国際情勢を認識していない、まことにおめでたい議論も出ていたが、しょせん不可能なことであった。

法を否定する法

一九四五（昭和二十）年六月、戦時緊急措置法が帝国議会に上程される。これは国家総動員法をさらに徹底させ、緊急事態においては、政府は法律の規定に反しても必要な命令を出せるというもので、法そのものを否定する法と言ってよいだろう。委員会が設立されると、三日間ぶっ通しで政府側と議員側で激しい論戦が繰り広げられた。象徴的論議に絞って抽出してみよう。

●第八十七回衆議院戦時緊急措置法案委員会　一九四五（昭和二十）年六月九〜十一日

鈴木貫太郎総理大臣　……本法の制定を仰《あお》ぎまして、大東亜戦争に際して国家の危急を克服するために緊急の必要ある時は、政府は他の法令の規定にかかわらず、……応《おう》機《き》の措置を講ずるため必要なる命令をいたし、または処分をなし得ることといたさんとするのでありまして、……

池崎忠孝《いけざきただたか》委員　……結局これは非常大権の発動がやりたいのだが、それが何かの理由があってやれない。また軍の戒厳《かいげん》［令］も布《し》いてみたらよろしいのだが、そういう訳にもいかない。そこでその両方ともやらずに、そうしてあえて言うならば、今すこし穏当《おんとう》な方法をもって、いわゆる議会の協賛を得る形において、これをこの法律で代行しよう、こういうのが一番本当のところじゃないかと思う。……

中谷武世《なかたにたけよ》委員　……本法案の内容はきわめて広範かつ重大であり、実質においては全権委任法とも称すべきものであり、その効果においては、戒厳にも匹敵すべきものであります。したがって一歩これが運営を誤《あやま》らんか、狂人が殺人剣を振るうに等しく、……今次《こんじ》世界大戦における「ファシズム・イタリー」「ナチス・ドイツ」の覆轍《ふくてつ》「先人の失敗」は、昭々《しょうしょう》として［すみずみまで明らかにして］これを示しておるのであります。……

三好英之《みよしひでゆき》委員長　討議はこれで終局いたしました。これより採決をいたします。……起立多数、よって修正部分を除き、原案の通り決しました。これにて本案の審査を終了いたしました。……

池崎忠孝（一八九一〜一九四九年）は文学を志《こころざ》し、夏目漱石の門下生となり、赤木桁《あかぎこう》平《へい》というペンネームも使ったが、その文才はついに漱石からは認められなかった。その後、戦時評論を書き、のちに議員となった。

戦時緊急措置法は終戦の二カ月前の六月二十二日に実際に公布されたが、この史実は現在忘れられている。国家危急に際しては、帝国憲法第三十一条に「天皇の非常大権」が規定されていたが、一度も発動されなかった。その具体的内容については、憲法学者の間でも一致した見解はなかった。

非常大権を発動すると、敗戦後に昭和天皇の戦争責任が問われることを懸念して、帝国議会が責任を負う戦時緊急措置法が制定されたと言われている。国体護持《こくたいごじ》につながる日本固有のふるまいだったのだ。結局、この第八十七回帝国議会が戦前最後の会期となった。

ポツダム宣言を読み解くと……

ヨーロッパにおいてもアジアにおいても、枢軸国《すうじくこく》（日独など）の劣勢が明らかになった一九四三（昭和十八）年以降、連合国首脳はドイツ・日本の降伏促進や戦後処理について相談を始めた。カッコ内は会議参加国である。

一九四三年一月　　カサブランカ会談（米英）。
　　　　　十一月　カイロ会談（米英中）。
一九四五年二月　　ヤルタ会談（米英ソ）。
　　　　七月　　ポツダム会談（米英ソ）。

このうち、ドイツの降伏後、すなわち日本の壊滅が明白になった時期に、ドイツ・ベルリン郊外ポツダムで戦後処理について広範に話し合われたのがポツダム会談である。ポツダム宣言とは、アメリカ・トルーマン大統領、イギリス・チャーチル首相、中華民国・蔣介石主席の共同声明として、一九四五（昭和二十）年七月二十六日に日本に発せられた無条件降伏の勧告である。全一三条の引用は割愛するが、第六条と第十条だけは引用したい。

第六条　日本国民を欺《あざむ》いて世界征服に乗り出す過《あやま》ちを犯《おか》させた勢力を永久に除去する。無責任な軍国主義が世界から駆逐《くちく》されるまでは平和と安全と正義の新秩序も現れ得ないからである。

第十条　われわれの意思は日本人を民族として奴隷化《どれいか》し、また日本国民を滅亡させようとするものではないが、日本における捕虜《ほりよ》虐待を含むいっさいの戦争犯罪人は処罰されるべきである。日本政府は日本国民における民主主義的傾向の復活を強化し、これを妨《さまた》げるあらゆる障碍《しようがい》は排除されるべきであり、言論、宗教および自由ならびに基本的人権の尊重は確立されるべきである。

連合国側は日本国民を敵対視しておらず、むしろ軍部に欺かれた被害者として見ている。いっぽう、軍部を主とする戦争犯罪人は処罰されることが明白になった。連合国の指導者たちは日本国民の降伏ではなく、日本軍部の降伏を求めていたのである。

日本政府は、この宣言文を一九四五（昭和二十）年七月二十七日にコメントをつけずに公表。翌七月二十八日付《づけ》の新聞報道では、「笑止《しょうし》、対日降伏条件」「笑止！米英蔣共同宣言」などの主観的論評がついていた。また、鈴木貫太郎首相は、記者会見で「共同声明はカイロ会談の焼き直しと思う。政府としては重大な価値あるものとは認めず、黙殺し、断固戦争完遂《かんすい》に邁進《まいしん》する」と述べた。

実際には、事前に陸軍から「政府が共同宣言を無視することを公式に表明すべきである」と強硬な要求が出されたため、これが新聞記事や鈴木声明の基盤となったのである。

戦争犯罪人の処罰は第一次世界大戦後には行われなかったが、第二次世界大戦後はニュルンベルク裁判と極東国際軍事裁判（東京裁判）が開かれ、戦犯処罰が行われた。陸軍首脳はこれを恐れて、徹底抗戦に傾いていった可能性も高い。

日本側の拒否を受けて八月六日に広島、同九日に長崎に原爆が投下された。さらに同八日、ソ連が対日参戦。これらを受けて八月十日未明から御前会議が開かれた。侃々諤々《かんかんがくがく》の議論となり、一時は険悪《けんあく》なムードも流れたが、結局「天皇の国法上の地位の存続のみを条件として無条件降伏を受ける」という東郷茂徳外相案に決まり、その旨《むね》中立国であるスウェーデンとスイスに向けて打電された。

その後、これを了承すると、アメリカから回答があり、八月十四日に改めて御前会議で

写真18 最高戦争指導会議

1944(昭和19)年8月19日、宮中にて

ポツダム宣言受諾が正式に確認された。八月十五日には国民に対する玉音《ぎょくおん》放送、十六日に陸海軍に停戦命令が出された。九月二日には東京湾の戦艦ミズーリの艦上で降伏文書に調印し、ここに太平洋戦争は正式に終了した。

ポツダム宣言が発せられた七月二十六日から、実質的に日本が降伏した八月十五日までの一ヵ月間は帝国議会の休会中であり、重要事項決定は閣議や最高戦争指導会議（写真18）で行われた。最高戦争指導会議とは大本営政府連絡会議を改称したもので、小磯内閣組閣直後の一九四四（昭和十九）年に成立した。

八月十・十四日の御前会議は、この最

高戦争指導会議参加者に閣僚全員、枢密院議長が加わった大がかりなものだった。

出席者は鈴木貫太郎首相、東郷茂徳外相、広瀬豊作《ひろせとよさく》蔵相、阿南惟幾陸相、米内光政海相、松阪広政《まつざかひろまさ》司法相、太田耕造《おおたこうぞう》文相、石黒忠篤《いしぐろただあつ》農商相、豊田貞次郎軍需相、小日山直登《こひやまなおと》運輸相、岡田忠彦《おかだただひこ》厚生相、桜井兵五郎国務相、左近司政三《さこんじせいぞう》国務相、安井藤治《やすいとうじ》国務相、下村宏《しもむらひろし》情報局総裁、迫水久常《さこみずひさつね》内閣書記官長、村瀬直養《むらせなおかい》法制局長官（以上閣僚）、梅津美治郎《うめづよしじろう》参謀総長、豊田副武《とよだそえむ》軍令部総長（以上統帥部）、平沼騏一郎《ひらぬまきいちろう》枢密院議長らであった。

阿南陸相らが主張する徹底抗戦論と、東郷外相らの主張するポツダム宣言受諾論との間で激しい論戦があったが、鈴木首相が天皇に聖断を仰《あお》いだ結果、後者が採択され、翌日の玉音放送につながったのである。

第五章

新憲法と閉会

16

敗戦と戦争責任

戦後の帝国議会

帝国議会は一九四五（昭和二十）年八月十五日の終戦以降、一九四七（昭和二十二）年三月まで、五回開かれている。短期間ではあるが、憲政上の重要な節目として、重要な機能をはたした（図表16）。

終戦直後の第八十八回帝国議会はたった二日間の形式的議会だった。第八十九回帝国議会では、堰《せき》を切ったように戦争責任論と憲法論議が噴出したが、女性参政権を含む完全な普通選挙を実現する衆議院議員選挙法改正法案が通過した。この新たな総選挙（写真19）で禊《みそぎ》を受けた新メンバーによって第九十回帝国議会は開かれ、新憲法草案が逐条《ちくじょう》・逐語《ちくご》審議されて議会を通過した。第九十一回帝国議会では、貴族院を廃して後継となる参議院の選挙法が決まり、第九十二回帝国議会が最後の帝国議会となった。

図表16 戦後に開催された帝国議会

回次	会期	首相	主要論議
第88回臨時	1945(昭和20)年９月４～５日	東久邇宮稔彦王	ポツダム宣言の受諾、国体護持
第89回臨時	1945(昭和20)年11月27日～12月18日	幣原喜重郎	衆議院議員選挙法改正、戦争責任、憲法論
第90回臨時	1946(昭和21)年６月20日～10月11日	吉田 茂	新憲法条文審議
第91回臨時	1946(昭和21)年11月26日～12月25日	吉田 茂	参議院議員選挙法
第92回通常	1946(昭和21)年12月28日～1947(昭和22)年３月31日	吉田 茂	帝国議会解散

写真 19 帝国議会最後にして戦後初の総選挙

1946(昭和 21)年 4 月、はじめて女性参政権が認められた第 22 回衆議院議員選挙にて

その間、第九十・九十一・九十二回の三議会では戦後の復興、民生《みんせい》（国民の生活）の安定、経済の立て直しなどが数多《あまた》論議されている。こんなところにも、日本人の立ち直りの早さや勤勉性が垣間見られるだろう。

不評だった一億総懺悔論《ざんげろん》

戦争収束を使命とした鈴木貫太郎内閣がポツダム宣言を受諾してその使命を終えると、八月十七日、東久邇宮稔彦王《ひがしくにのみやなるひこおう》陸軍大将が戦後初の首相に指名された。

稔彦王（一八八七～一九九〇年）は皇族として生まれ、明治天皇の第九皇女・聡子《としこ》内親王《ないしんのう》と結婚しているので、昭和天皇の大叔父にあたる。陸軍大学を卒業し、陸軍航空本部長、防衛総司令官を歴任した。フランスに六年間留学したこともあり、欧米と日本の技術格差をよく認識し、日中戦争や太平洋戦争には批判的であったという。

開明的であったことへの期待も大きかったし、軍の暴走を抑え、秩序を回復するには皇族内閣が適するとの判断もあった。このような理由で、憲政史上最初にして最後の皇族内閣が誕生した。

さて、八月十五日の玉音放送は国民全員に対する言葉であったし、帝国議会に送るメッセージでもあった。そして、ポツダム宣言受諾を立法府たる帝国議会で正式に認める手続き・儀式として、第八十八回帝国議会が一九四五（昭和二十）年九月四〜五日に開かれた。なかでも、大変注目された二日目の論議を見てみよう。

●第八十八回衆議院本会議　一九四五（昭和二十）年九月五日

東久邇宮稔彦王総理大臣　稔彦、先《さき》に組閣の大命を拝し、国家非常の秋《とき》にあたり重責を負《お》うことになりました。まことに恐懼《きようく》感激に堪《た》えませぬ。……敗戦よって来たるところは、もとより一《いつ》にして止《とど》まりませぬ、前線も銃後《じゆうご》も、軍も官も民もすべて、国民ことごとく静かに反省するところがなければなりませぬ。われわれは今こそ総懺悔し、神の御前《おんまえ》にいっさいの邪心《じやしん》を洗い浄《きよ》め、過去をもって将来の戒《いまし》めとなし、心を新《あら》たにして、戦いの日にも増したる挙国一家、相援《あいたす》け相携《たずさ》えて各々《おのおの》その本分に最善を竭《つく》し、来《きた》るべき苦難の途《みち》を踏み越えて、帝国将来の進運を開くべきであります。

（拍手）

この総懺悔論は、国民にもＧＨＱ（連合国軍最高司令官総司令部）にも、とても納得できないとの反論を引き起こした。実は、数日前の新聞諸紙にも、次のような首相談話が掲載されており、なおさらであった。

「……この際、私は軍官民、国民全体が徹底的に反省し、懺悔しなければならぬと思う。全国民総懺悔することがわが国再建の第一歩であり、わが国団結の第一歩と信ずる。」(「朝日新聞」一九四五年八月三十日付《づけ》)

マスコミはこぞって「一億総懺悔」というキャッチフレーズを掲《かか》げて、たちまち流行語となった。

東久邇宮首相にしてみれば、天皇に戦争責任がないことを強調したいあまりに言葉を選ばなかった結果であったかもしれない。しかし、国民からすれば「政府・軍部にしたがい、塗炭《とたん》の苦しみをなめてきたわれわれに何の責任があろうか」と反発の声が上がったのも無理はない。GHQも一連の発言に反発した。

さらに、山崎巌《やまざきいわお》内相が、マッカーサー連合国軍最高司令官が昭和天皇の訪問を受けた際の写真の掲載を禁止、さらに政治犯釈放に反対、治安維持法の維持を主張した。GHQ

はもちろん反発し、山崎は罷免《ひめん》される。これを契機として、東久邇宮内閣は「改革指令の遂行は共産革命を誘発して難しい」と総辞職した。五四日間の歴代最短内閣だった。

戦争責任

東久邇宮内閣総辞職後、内大臣・木戸幸一《きどこういち》が中心となって動き、幣原喜重郎内閣が一九四五（昭和二十）年十月九日に発足した。

同年十一月の第八十九回帝国議会から、いよいよ戦後の本格的論戦が始まった。戦前・戦中と帝国議会の議論は沈滞し、議会政治は気息奄々《きそくえんえん》であったが、言論抑圧の重しが取れると、堰《せき》を切ったように議員諸氏は発言し出した。会議冒頭から、注目すべき発言が多発している。

●第八十九回衆議院本会議　一九四五（昭和二十）年十一月二十八日

幣原喜重郎総理大臣　不肖揣《ふしょうはか》らずも未曾有《みぞう》の難局に際しまして組閣の大命《たいめい》を拝《はい》し、まことに恐懼《きょうく》に堪《た》えませぬ。……今やわが国と連合国との間において戦闘行為はまったく終止することとなりましたけれども、平和の正常関係が回復せらるるに至るまではなおほど遠い感じがあります。……結局において世界の人心《じんしん》を制し、国内および国際関係の羅針盤《らしんばん》たるべきものは、銃剣《じゅうけん》の力ではなく、徳義《とくぎ》の力であり、合理的精神の支配でなければなりませぬ。……最後に大東亜戦争敗績《はいせき》の原因および実相《じっそう》を明らかにいたしますることは、これに際して犯《おか》したる大いなる過《あやま》ちを、将来において繰り返すことのないために必要であると考えまするがゆえに、内閣部内に大東亜戦争調査会を設置いたしまして、右の原因および実相の調査に着手することといたしました。

「銃剣の力ではなく……」は至言《しげん》であるが、いっぽうで戦争責任の究明にはきわめて穏便・曖昧《あいまい》であったので、さっそく斎藤隆夫が嚙《か》みついた。

斎藤隆夫議員　次は戦争の責任に関する政府の態度であります。幣原首相は日本全国民も戦争の責任を負わねばならぬと明言せられておられる。これはいったいどういうことであるか、私共《わたくしども》まことに怪訝《けげん》に堪えないのであります。……私は見るところをきわめて率直に明言する。今日《こんにち》戦争の根本責任を負う者は東条大将と近衛公爵、この二人であると私は思うのであります。……大東亜戦争は何から起こっておるのであるかと言えば、つまり支那事変から起こっておるのであります。支那事変がなければ大東亜戦争はないのである。それゆえに大東亜戦争を起こしたところの東条大将に戦争の責任があるとするならば、支那事変を起こしたところの近衛公爵にもまた戦争の責任がなくてはならぬのであります。……

幣原喜重郎総理大臣　……戦争の責任は国民一般にあるとかいうようなことのお話がありました。私はかようなことを申したことはない。その不確実あるいは無根のことを新聞に出されたことによりまして、私を攻撃なさることははなはだ残念でありま す。……それからまた特定の政治家が戦争の責任があるかどうかということを、政府として表明いたしますことは適当なことでないと考えます。ただ一般論といたしましては、戦争責任者の追究につきまして国民の間に血で血を洗うがごとき結果となるような方法によることは好ましくないと考えます。すでに戦争責任者の一部につきましては、連合国側によりまして逮捕審問を受けつつある次第であります。……

幣原首相は、東久邇宮前首相の一億総懺悔論を繰り返したわけではないが、さりとて、それをはっきりと否定もしていない。この曖昧《あいまい》さを、斎藤は指摘したのである。また、戦争責任者については、斎藤が「東条と近衛」と名指ししたのに対して、幣原首相は消極的で、GHQに任せたいというスタンスが見え見えである。

陸軍と海軍、悪いのはどちらか?

まだ不満足の斎藤は、質問の矛先《ほこさき》を下村定《しもむらさだむ》陸軍大臣に変えた。

●第八十九回衆議院本会議　一九四五(昭和二十)年十一月二十八日

斎藤隆夫議員　最後において陸軍大臣に向かって質《ただ》しておきたいことがある、それはわが国における軍国主義の発達に関することであります。……

下村定陸軍大臣　……いわゆる軍国主義の発生につきましては、陸軍といたしましては、陸軍内の者が軍人としての正しき物の考え方を過《あやま》ったこと、特に指導の地位にあります者がやり方が悪かったこと、これが根本《こんぽん》であると信じます。……ある者は軍の力を背景とし、ある者は勢いに乗《じょう》じまして、いわゆる独善的な横暴な処置を執《と》った者があると信じます。ことに許すべからざることは、軍の不当なる政治関与であります。（拍手）かようなことが重大な原因となりまして、今回のごとき悲痛なる状態を国家にもたらしましたことは何とも申《もう》し訳《わけ》がありませぬ。（拍手）私は陸軍の最後にあたりまして、議会を通じてこの点につき全国民諸君に衷心《ちゅうしん》からお詫びを申し上げます。（拍手）……この陸軍の過去における罪悪のために、……純忠《じゅんちゅう》なる軍人の功績を抹殺し去らないこと、ことに幾多《いくた》戦没の英霊《えいれい》に対して深きご同情を賜《たま》わらんことを、この際切《せつ》にお願いいたします。（拍手）

下村陸相は実に潔《いさぎよ》く陸軍の過《あやま》ちを認め、国民に謝罪した。議場では拍手の連続であったという。いっぽう、三田村武夫《みたむらたけお》議員は米内光政海相に対して、彼が戦争抑止論者でありながら戦争を止められなかったこと、そしてそれをアメリカの記者団へ語ったことを詰問《きつもん》した。

三田村武夫議員　……米内さん、あなたは現在でも海軍大臣ですが、海軍大臣であることすでに三代、遡《さかのぼ》ればずいぶん長いこと海軍の軍政を担当してこられました。国民の前にずいぶん責任のある言葉を吐《は》いてこられました。……あなたは去る九月の十七日海軍省で「アメリカ」の特派員と会見されまして、大変なご意見を発表になっております。……あなたは戦争が始まった時、私は二年間戦えるかどうかと思った、続いて戦争二年目が来た時、私はもう戦争はそう長くは続けられまいと思った——これはあなたの言葉だ。そうしてあなたはその前提として、真珠湾攻撃の際は自分は予備《よび》[役《えき》]であった。したがってその作戦計画は知っておらぬ。これは事務的にはその通りです。しかし海軍の長老、大先輩米内光政大将が海軍の動きをちっとも知らなかったとは私は言わせませぬよ。（拍手）……戦争を止めるつもりであったなら、なぜ早くお止めにならぬ。命が惜《お》しかったでは済《す》まされませぬ。早く止めてご覧《らん》なさい。この大きな災害はなくて済みました。しかしその立場は諒承《りようしよう》いたしますよ。戦争の困難なることを知りながら、作戦上の関係から、ないしは対外関係を考慮されながらやっていかれることは諒承いたします。それならなぜこんなよけいなことをおっしゃった。外国の記者団になぜよけいなことをおっしゃった。要《い》らぬことじゃありませぬか。……

米内光政海軍大臣　お答えいたします。九月十七日、米国記者との会見において、戦争開始当時、戦争は二年間続くか否《いな》やを疑ったという。そのことは正《まさ》にその通り話をいたしました。その他のご質問あるいはご所見に対してはご答弁の限りじゃございませぬ。（「何を言うか」その他発言する者多し）

国民の間では、陸軍より海軍のほうが良識的、その海軍内でも米内光政、山本五十六《やまもといそろく》、井上成美《いのうえしげよし》らはもっとも良識的と見られていた。戦争を主導したのは陸軍だったとしても、太平洋戦争という字句通り、戦闘は主に海戦だったのだから、海軍が動かなければ戦争はできなかったことも事実である。

米内への風当《かぜあ》たりは戦中も戦後もさほど強くなかったのに、米国記者団への発言がミソをつけたのだ。悪評だった陸軍を代表した下村陸相の答弁が好感されただけに、なおさら米内海相の答弁は不評だった。

天皇の戦争責任

悲惨な敗戦であったにもかかわらず、国民が天皇の戦争責任を指弾することはほとんどなかった。連合国側でも天皇責任論が一時根強かったが、戦後日本の安定のために天皇制を活用したほうが現実的との判断に固まっていく。帝国議会では、むしろ天皇の責任なきことを積極的に連合国側に説明しないと不安であるとの論調が支配していたようだ。

●第八十九回衆議院予算委員会　一九四五（昭和二十）年十二月四日

鈴木《すずき》正吾《しょうご》議員　……この頃の新聞を見ると、連合軍はしきりに、天皇の責任を追究するがごとく感ぜられるような風《ふう》であります。日本の政府からは何らそのことについて国民を安《やす》んぜしむるような態度の声明もありませぬ。私はこの際、総理大臣がわれわれと同様に、この戦争において天皇に責任はないのだという信念をもって輔弼《ほひつ》の重責にあたられておるや否《いな》や、もしそういう信念をもってあたっておるとせらるるならば、その責任なしという理論の根拠を明白にお示し願いたいと思います。

幣原喜重郎総理大臣　……天皇の統治上のご行動につきましては、これを輔弼する国務大臣がいっさいの責任を負うものと考えております。天皇陛下にご責任があるべき訳《わけ》は絶対にありませぬ。……

…天皇のご責任につきまして、連合軍司令部より何ら私は話を聞いたことはありませぬ。さような議論はいたしたことはありませぬ。それゆえにこちらから進んで、天皇にご責任があるとかないとか、こういうような事実があるんだということを、私は言うべき必要はないと思います。

いっぽう、議員や国民からは重大な戦争責任者と目《もく》されていた近衛文麿は、GHQに天皇退位構想を提言していた。

●第八十九回衆議院予算委員会　一九四五（昭和二十）年十二月五日

田中伊三次議員　……内大臣府の御用掛《ごようがかり》でありまする近衛公は、天皇退位の問題に言及して、これを外部に言明をするに至っておりますことは数回におよんでおります。すなわち天皇は退位遊《あそ》ばされるご内意があるものであるとか、そういう風にうかがえる。……その退位実現の時期は「ポツダム」宣言の完全履行後であるといったような具体的なことまで畏《おそ》れ多くも失言をいたしておる。……仮にさようなことが必要であるという場合においては、……それは政府の責任においてさようなことの説明が必要ならばおやりにならなければ、私はまことに重大な物議《ぶつぎ》を醸《かも》すと思うのでここでおうかがいをしたい。……

松本烝治国務大臣　近衛公が天皇陛下のご退位について何か話をしたとかいうようなことが新聞に出まして、……さようなことを申されたということが出ましても、取り消しがあったように思います。……政府としましてはさようなことについてかつて何ら考えたことはありませぬ。……

松本国務相は憲法問題調査委員会代表を兼務していた関係もあり、答弁に立ったのである。政府の耳には、近衛の動向は当然入っていたはずであるが、政府としては近衛の動きを止めなくても、静観すれば問題は起きないと判断していたようである。

次に紹介する論議は一見、何気《なにげ》ないやりとりに見えるが、歴史認識という面できわめて重要である。

●第八十九回衆議院予算委員会　一九四五（昭和二十）年十二月四日

鈴木正吾議員　……私は日清、日露の戦争は断《だん》じて軍閥の企《くわだ》てた侵略の戦争ではないと信じておる。……侵略戦争と称《しょう》すべき戦争ありとすれば、それは少なくとも満州事変以後の戦争であろうと私は思っております。……

幣原喜重郎総理大臣　……日清、日露の戦役が軍閥主義の結果である、侵略主義の結果であるというようなことは絶対になかったのであります。それは日本のみならず西洋各国至るところ、世界一般にそれを認めておったと私は考えておる。……

二人に共通するのは、近代以降に日本が関係した戦争のなかで日清・日露戦争は自衛戦争であるが、満州事変以降の戦争は侵略戦争であるという定見である。「戦争に義戦《ぎせん》（正義の戦い）はない」と言うが、日本の知識人は二人と同様に考えたし、国外でもこの認識には抵抗がなさそうである。

しかし、満州事変、日中戦争、太平洋戦争を一連とする「十五年戦争」、少なくとも日中戦争、太平洋戦争と連《つら》なる「八年戦争」は、やらずもがなであるのに、日本が判断を間違って行った侵略戦争であるという歴史認識が定着しつつあるようだ。

17 新憲法

憲法論議

帝国憲法に代わる新憲法に対する論議は、選挙法改正後の新選挙前である第八十九回会期に、すでにいくつか出ていた。その代表的意見をいくつか挙げるが、ここでも論客・斎藤隆夫の発言を聞かなければならないであろう。

●第八十九回衆議院本会議　一九四五（昭和二十）年十一月二十八日

斎藤隆夫議員　……わが国の憲法は、……その弾力性の広大なることは世界いずれの国にもその類例を見ることができない。……それゆえに専制政治家がこれを運用すれば専制政治となり、民主政治家がこれを運用すれば民主政治となるのであります。……それゆえに憲法の改正は憲法そのものの罪ではなくして、むしろ憲法運用の責任を有《ゆう》する政府の罪である。しかしながら……政府をしてその運用を誤《あやま》らしむるがごとき余地を存《そん》しておるところに、憲法の欠陥があるのでありますから、この欠陥を補正することがすなわち憲法改正の内容でなくてはならぬ……わが憲法は今日澎湃《ほうはい》として起こってきているところの民主政治、この民主政治を徹底し得るについていささか適《てき》せざるところがありますから、……深く検討する必要がある。……しかしながらいかに憲法を改正するとも、……わが国の国体を侵《おか》すことはできない。統治権の主体に指を触《ふ》るることは許されない。……

この発言には重要な点が三つある。一つ目は帝国憲法はあまりにも融通無碍《ゆうずうむげ》すぎたから、もっと明確に解釈できるようにすること、二つ目は民主的要素を入れること、三つ目はそれでも天皇を戴《いただ》く国体は護持《ごじ》すること、である。これが知識人や常識的な議員の代表的意見であった。あの天皇機関説事件の主役である憲法学者・美濃部達吉ですら、帝国憲法を改正せずとも、新しい運用で民主化ができると考えていた。

次に紹介するのは、負けたからには連合国側にしたがうしかないではないか、という思いきった意見である。

●第八十九回貴族院本会議　一九四五（昭和二十）年十一月二十九日

宮田光雄《みやたみつお》議員　……松本［烝治］国務大臣は、憲法改正に対するところの委員長……、岩田《いわた》［宙造《ちゅうぞう》］司法大臣も……弁護士から大臣になった人だ。……こういう人々が揃っていて、憲法改正に関するところの所見がまとまらないというのは、いったいどういう訳なんだ。……「スピード」が無さすぎるんじゃないか。……近衛公も「マッカーサー」の司令部の示唆《しさ》によって宮中において調査をせられて、すでに案を具《ぐ》して陛下に捧呈《ほうてい》されたということであるのであります。……われわれは民主主義の国家に対して頭を下げたのです。……であればその戦勝国の主張するところの……方針がすなわち日本国の方針とならざるを得ない……でありませぬか。……あっさりと「アメリカ」の意見を聴いて日本の国体をそのままに置いて護持することは……最善の処置を執《と》ったなればよろしいんじゃないかと私は思うのであります。

相手は民主国家なのであるから、国体も含めて相手の意見を受け入れて、もっと能率的にすればどうか。案外、本音《ほんね》ではこの意見に賛成する者が議会内外に多かったのかもしれない。宮田は、政府とは別に旧体質の近衛元首相が先走って動いていることにも懸念を表明している。

次は、純粋に画期的民主憲法を期待する素朴な声である。

●第八十九回衆議院本会議　一九四五（昭和二十）年十二月七日

加藤宗平議員《かとうそうへい》　……憲法改正という大きな問題……恐《おそ》らく、「グナイスト」や「シュタイン」によって影響せられた、そうして伊藤公が草案した憲法から見れば、今後予想せらるる憲法改正は、まったくその質的変化を遂《と》げるであろうことが予想せらるるのでありまして、……新憲法の創造と言ってもよろしいほどの、……道義《どうぎ》日本再建の基礎になるものであります。ところがこの重要なる憲法改正の手続き等におきましても、……政府が黒星《くろぼし》を貰《もら》っておるのではないかと思う。それはすでに廃止さるべき命運にあった内大臣府によってまず最初に取り上げられ、その後与論《よろん》の動きによりまして、政府がこれを国務として取り上げるに至ったというようなことは、正《まさ》に民主的な憲法改正がその手続き、手段、方法等においてけっして民主的な線に沿《そ》うた行き方をしておるものにあらずと考えられるのであります。

ここでも、木戸幸一内大臣の動きが非難されている。新たな憲法を検討しようというなかに、旧体制の人たちが絡《から》んでくることに抵抗が強かったのである。

日本案とGHQ案

日本の降伏後、占領国・アメリカから、日本の軍国主義排除と民主的国家建設を目的にいくつかの重要方針が打ち出された。それは戦争犯罪人裁判、公職追放、女性参政権の付与、労働組合の奨励、自由教育の普及、秘密警察などの撤廃、人権擁護、財閥解体、農地解放などがその骨子で、その仕上げが憲法改正であった。

一九四五(昭和二十)年十月四日、連合国軍最高司令官・マッカーサーは東久邇宮内閣の副首相格であった近衛文麿国務相と面談、「憲法に自由主義的要素を入れる必要があり、敢然《かんぜん》としてその陣頭に立たれよ」と要請した。近衛は、さっそく京都大学名誉教授・佐々《さ さ》木惣一《き そういち》らを内大臣府御用掛《ご ようがかり》として、素案作成にあたらせた。

しかし、アメリカ国内で、戦犯容疑の強い近衛を使うことに非難が起こったため、GHQは急遽《きゆうきよ》態度を変え、近衛の活動には関知しないと発表した。直後の十月十一日、マッカーサーは新たに首相となった幣原喜重郎に憲法の自由主義化を指令したので、政府は松本烝治国務相を代表とする憲法問題調査委員会を設置した。その後、近衛はA級戦犯に指定され、十二月十六日に服毒自殺を遂《と》げる。

この時点で、政府は「帝国憲法の大幅改正」「新憲法」といった抜本的改変はイメージしていなかった。「帝国憲法下で民主化、自由化ができるや否《いな》や」の検討から入ったのだ。小幅な修正ではGHQに通用しないとわかってはいたものの、大幅改正にはほど遠かった。

このような空気を見越して、GHQ側は幣原・松本らの動向や政府以外の憲法研究の動向にも注意を払いながら、戦前の帝国憲法の研究に着手していた。政府以外では共産党、日本自由党、憲法研究会などが研究に入っていた。

一九四六（昭和二十一）年二月八日、政府が作った憲法改正要綱がGHQに提出された。そこには「国民の自由と権利は法律によらないでも保障される」というかなり進んだ自然権的文言は挿入されたものの、天皇制をはじめとした全体像は帝国憲法を色濃く引きずっていた。

ここにおいて、GHQは「国体護持」に固執する日本政府では大幅に帝国憲法を変えることはできないと判断、GHQが政府に対して新憲法草案を提示することに、ギアを切り替えた。マッカーサーは①天皇は国家の元首、②戦争放棄、③封建制度の廃止という三原則を基軸とした、GHQによる憲法草案の作成を指示する。

そして一九四六（昭和二十一）年二月十二日、通称・マッカーサー草案ができあがった。翌十三日、GHQは松本国務相、吉田外相に会い、すでに提出されていた松本案を拒否する代わりに、同案を提示。日本政府は急ぎ作業を行い、マッカーサー案に沿った憲法改正草案要綱を三月六日に発表した。

このように、憲法改正において、日本側はどうしても「天皇制の護持」を最大の眼目にしていたのに対して、GHQは「象徴的天皇」と「戦争放棄」に力点を置いていた。

天皇制を巡っては、一九四六（昭和二十一）年一月一日に昭和天皇は詔書《しょうしょ》を出して「朕《ちん》と爾《なんじ》ら国民との間の紐帯《ちゅうたい》は、終始相互の信頼と敬愛とによりて結ばれ、単なる神話と伝説とによりて生《しょう》ぜるものにあらず。天皇をもって現御神《あらみかみ》とし、かつ日本国民をもって他の民族に優越せる民族にして、すべて世界を支配すべき運命を有《ゆう》すとの架空なる観念にもとづくものにあらず」という、いわゆる人間宣言を発していたことが大いなる地均《じなら》しになった。

結局、マッカーサー草案を骨格として政府が手を入れた憲法改正草案は、平仮名と口語体を使って四月十七日に公表された。

「社会主義を進めよ」

一九四六（昭和二十一）年四月十日に行われた戦後第一回の総選挙は形式的には帝国憲法下ではあったが、選挙権が二〇歳以上の男女全員に与えられた日本初の真の民主選挙であった。同選挙で社会党・共産党が議席を伸ばしたことは、戦前の軍国主義下では考えられない新鮮さがあった。

自由党の吉田茂内閣の誕生後、ただちに開かれた第九十回帝国議会こそ、新憲法の条文を審議・決定する、きわめて重要な会期であった。吉田首相の挨拶直後、社会党党首・片《かた》山哲《やまてつ》から、社会主義を進めるべきとの意見が飛び出す。

●第九十回衆議院本会議　一九四六（昭和二十一）年六月二十一日

吉田茂総理大臣　諸君、今議会の劈頭《へきとう》において、新生《しんせい》日本の建設の基盤たるべき憲法改正案が勅命によって付議《ふぎ》せられたのであります。幸《さいわ》いにして今議会は新選挙法による総選挙の結果成立したる歴史的民主議会であります。政府はこの機会に諸君と共に国家最高の法典たる憲法改正を議《ぎ》することを無上の光栄といたします。……

片山哲議員　……政府は本議会の劈頭におきまして、新憲法制定を意味しまする憲法改正案を提出せられました。……民主主義政治確立の上から申しましても支障ありと考えるので、大権《たいけん》を相当制限しなければならないと考えておるのであります。（拍手）……次は議会の機能であります。……今までのようにたった三カ月、しかも休んで二カ月くらいであるというようなことでは、とうてい承服することができないのであります。（拍手）……私は民主政治を達成しようと思えば、必然的に社会主義を同時に進行せしめなければならないと信ずるものであります。……政治的民主主義より……経済民主主義に移行いたしておるのであります。経済民主主義は社会主義の前提であります。……敗戦後の政治原理は、かくのごとくして民主主義の確立と、社会主義の断行と、平和主義の実現と、この三者を同時に併行して行わしめることを要望いたしておるのであります。……

これ以降、資本主義か社会主義か、の論議が繰り返されたが、ＧＨＱの存在感は大きく

「今はそんな論争をしている場合でない」と、資本主義と民主主義をベースにする基本線は動かなかった。

天皇制と戦争放棄

次に、天皇および天皇制について二つの議論を紹介しよう。

●第九十回衆議院本会議　一九四六（昭和二十一）年六月二十四日

松原一彦《まつばらかずひこ》議員　……開戦は天皇の御名《ぎょめい》によって始められましたので、あるいは法理的には天皇こその御責任者として、天皇に対し戦争責任の追究がありはすまいかと心配しておったのでございますが、その開戦の真相が明らかになるにしたがい、……連合国側の諒《りょう》解《かい》も次第に高まり、最近本月十八日の新聞に発表せられました「キーナン」氏の言《げん》によりますれば、天皇を裁《さば》かずという意思が表明せられたのであります。（拍手）私は心からなる安堵《あんど》と喜びと感謝を持つものであります。（拍手）……

●第九十回衆議院本会議　一九四六（昭和二十一）年六月二十八日

野坂参三《のさかさんぞう》議員　……私たちは天皇制の廃止ということを申しております。……私達の主張はこの憲法草案第七条にある色々な権限が天皇に与えられておる。……われわれとしてはこのような特殊な権限を天皇の手に持たせないほうがよろしい、……社会党の方々《かたがた》が天皇制の下《もと》でも社会主義ができる、こういう風《ふう》に申されましたが、これは日本の現状と「ヨーロッパ」の現状とが非常な違いがあることを考えなければならない。日本の現状において、……反動分子が特権を利用してまた再《ふたた》び……侵略戦争を起こす可能性がある。……

天皇の戦争責任については、民主党・松原議員のような天皇免責論者が圧倒的に多かった。共産党・野坂議員も天皇責任論にまったく触《ふ》れていない。共産党の本心はもっと過激だったであろうが、天皇制擁護論者が根強い日本では、共産党とて、天皇について過激なことを言うのは怖かったのではなかろうか。

それでは、議員の意見の大勢《たいせい》はどうだったであろうか。第一条「天皇の象徴化」と第九条「戦争の放棄、軍隊の廃絶、交戦権の放棄」に絞って見てみよう。

●第九十回貴族院本会議　一九四六（昭和二十一）年六月二十二日

山田三良《やまださぶろう》議員　……私は……現行憲法を根本的に改正すべき必要あることを自覚する者でありますから、この草案のすこぶる進歩的であることには賛成する者であります。……しかしあまり極端にわが国の伝統を無視し、あるいはわが国民の信念に矛盾するような規定につきましては、……修正せざるを得ざるものあることを確信する者であります。……その一は草案第一条でありまして、「天皇は日本国の象徴……」であるということにつきまして……このままにおくことは、とうていできない……天皇が日本国の元首であらせられることを疑わざるものであります。……次に第九条におきまして、……自《みずか》ら戦争を放棄するということを宣言いたしてあることは、私の賛成するところであります。しかし第二項におきまして、陸海軍、空軍の保持は許されないとか、国の交戦権は認められないとか、こういう規定……は削除せらるべきものであると信ずるのであります。……

●第九十回衆議院本会議　一九四六（昭和二十一）年六月二十五日

北昤吉議員　……第一条の象徴ということであります。……日本国民統合の象徴ということは非常に私は意味があると思う。誰が用いたか、内閣諸公に偉《えら》い文学者があると私は感心しておる。これは非常に神韻縹渺《しんいんひょうびょう》［すぐれて趣《おもむき》がある］たるもので、私は結構であると思う。……それから戦争放棄の第二章に移ります。……この憲法の進歩性はここにあるのであると思いますが、私は戦争に負けて武装解除をした国が、戦争いたしませぬと言うのは、貧乏者で赤貧《せきひん》に陥《おちい》っておって、倹約いたしますと言うのと同じことである。国際的にはあまり効果はない。これはむしろ進んで永世《えいせい》局外中立運動を起こして、この微力なる日本が平和に生活できるように、内閣諸公の用意と準備とがなければならぬと考えます……自衛権の発動の場合は相手が武器を持ち、こっちは空手《からて》であっても、自分の貞操《ていそう》もしくは名誉を擁護する場合には、敢然と反対するのが日本の国民の本当の基本的の権利です。……

貴族院・山田議員の発言はタカ派の論調に立ち、第一条の象徴化は反対、第九条については「戦争の放棄」はよいが、「軍隊の廃絶」と「交戦権の放棄」には反対した。いっぽう、衆議院・北議員の発言はハト派の論調に立ち、第一条も第九条も賛成している。

両論の間にさまざまな意見があったが、大半の議員は第一・九条を、自分達では思いおよばず、表現できなかった思想と文言をよく提供してくれた、と〝目から鱗《うろこ》が落ちる〟ような衝撃をもって受け止めたようだ。したがって、手続き上は「与えられた憲法」だが、中身は「嫌々《いやいや》押しつけられた憲法」ではなく「思いもよらなかった理想の憲法」だったのである。

この原案に対して大幅修正できるかという議員からの質問に対して、吉田首相は次のように回答している。

●第九十回衆議院本会議　一九四六（昭和二十一）年六月二十二日

吉田茂総理大臣　憲法改正案に対して政府は修正に応ずるの用意ありや否《いな》やというおたずねでありますが、憲法改正案に対しましては、理論的には広く議会に修正権を認められておることはもちろんであります。しかしこの憲法草案につきましては、政府は内外の各種の事態を考慮に入れまして、慎重審議ここに至ったものであります。したがって各位《かくい》におかれても、現在の国際状況および国内の事情等をよくご判断くださって、慎重に修正なり考慮をしていただきたいと考えます。

つまり、建前上は大幅修正もできるが、実態は微調整しかできない。日本が置かれた立場や状況をよくわかってほしいと訴えているのである。

おとなしかった逐条《ちくじょう》審議

続いて、政府提出草案に対する論議・審議が始まった。憲法改正の超党派の専門小委員会が設置され、一九四六（昭和二十一）年七月二十三〜二十五日に委員長より、次の一四名が委員に指名された。

芦田均《あしだひとし》（日本自由党）、廿日出厖《はつかでひろし》（日本自由党）、江藤夏雄《えとうなつお》（日本自由党）、犬養健（日本進歩党）、吉田安《よしだあん》（日本進歩党）、鈴木義男《すずきよしお》（社会党）、森戸辰男《もりとたつお》（社会党）、林平馬《はやしへいま》（協同民主党）、大島多蔵《おおしまたぞう》（新政会）、笠井重治《かさいじゅうじ》（無所属倶楽部）、北昤吉（日本自由党）、高橋康雄《たかはしやすお》（日本自由党）、原夫次郎（日本進歩党）、西尾末広《にしおすえひろ》（日本社会党）。

同委員会では、政府より提出された草案に対して、各党より修正案が出され、それらを対象にして審議された。政府案と各党の修正案を挙げてみる。

○政府提出・帝国憲法改正案

第一章　天皇
第一条　天皇は、日本国の象徴であり日本国民統合の象徴であって、この地位は、日本国民の至高《しこう》の総意にもとづく。
第二章　戦争の放棄
第九条　国の主権の発動たる戦争と、武力による威嚇《いかく》または武力の行使は、他国との間の紛争の解決の手段としては、永久にこれを放棄する。陸海空軍その他の戦力は、これを保持してはならない。国の交戦権は、これを認めない。
第九章　改正
第九十二条　この憲法の改正は、各議院の総議員の三分の二以上の賛成で、国会が、これを発議し、国民に提案してその承認を経《へ》なければならない。この承認には、特別の国民投票または国会の定める選挙の際行われる投票において、その過半数の賛成を必要とする。

○日本自由党・修正案
第二章　戦争の放棄　戦争の「放棄」を「否認」と改《あらた》む。

○社会党・修正案

一、前文の簡潔化

第二章　戦争の放棄　第九条の前に一条を設け「日本国は平和を愛好し、国際信義を重んずることを国是《こくぜ》とする」趣旨の規定を挿入。

○無所属倶楽部・修正案

第二章　戦争の放棄

第九条　国の主権の発動たる戦争と、武力による威嚇または武力の行使は、他国との間の紛争の解決の手段としては、永久にこれを放棄する。陸海空軍その他の戦力は、これを保持してはならない。国の交戦権は、これを認めない。

○貴族院・回付案

第二章　戦争の放棄

第九条　日本国民は、正義と秩序を基調とする国際平和を誠実に希求し、国権の発動たる戦争と、武力による威嚇または武力の行使は、国際紛争を解決する手段としては、永久にこれを放棄する。前項の目的を達するため、陸海空軍その他の戦力は、これを保持しない。国の交戦権は、これを認めない。

予想されたごとく、この時の焦点は、「天皇」「戦争の放棄」「憲法改正」になったが、結局、各政党や貴族院からの修正要求はほとんどなく、極言すれば、てにをは程度の修正をもって、政府草案がほとんどそのまま両院を通った。本項の最後に、日本国憲法施行までの経緯を、時系列で整理しておこう。

一九四五年十月～一九四六年二月　ＧＨＱの指示により政府が草案を作成。
一九四六年二～四月　ＧＨＱ草案を微調整した草案政府が発表。
六～十月　第九十回帝国議会で審議・決定。
十一月　日本国憲法公布。
一九四七年五月　日本国憲法施行。

18 最後の帝国議会

衆議院はあっさり、貴族院は悲喜こもごも

帝国憲法下の帝国議会は第九十二回会期（一九四六年十二月二十八日～一九四七年三月三十一日）が最後となり、日本国憲法下の国会第一回会期（一九四七年五月二十日～十二月九日）にバトンタッチされた。ただし、衆議院では第八十九回会期後に初の完全普通選挙が行われ、第九十回会期からその当選者が議員となっていたので、かなり新体制になっていた。

第九十二回衆議院本会議は緊急の経済復興問題、引き揚げ者問題、食糧問題などの法案や質疑で目白押《めじろお》しだった。粛々《しゆくしゆく》と議事は進み、やがて最後を迎える。

●第九十二回衆議院本会議　一九四七（昭和二十二）年三月三十一日

山崎猛《やまざきたけし》議長　ただいま詔書《しょうしょ》降下の旨《むね》内閣総理大臣より伝達せられました。ここにこれを奉読《ほうどく》いたします。諸君のご起立を望みます。（議員起立）「朕《ちん》は、帝国憲法第七条によって、衆議院の解散を命ずる。」（「万歳《ばんざい》」「万歳」と呼ぶ者あり、拍手）

山崎議長　これにて散会いたします。（時に午後五時二十三分）

その最後は、きわめてあっさりと呆気《あつけ》ない。議員たちは次の総選挙が気になっていたであろうが、第九十～九十二回会期の議事を通じて戦後の超多難事を実感、次はいよいよ名《めい》実《じつ》共に新議会の出発になると思ったに違いない。そして散会するにあたり、万歳三唱と拍手が起こったのである。次に、貴族院を見てみよう。

●第九十二回貴族院本会議　一九四七（昭和二十二）年三月三十一日

徳川家正《とくがわいえまさ》議長　この際、議長より一言《ひとこと》申し上げたいと存じます。本日の議事は、第九十二回帝国議会最後の議事でありますと共に、貴族院最後の議事でございました。顧《かえり》みれば……わが貴族院は慎重、練熟、耐久の府《ふ》として大いに国運《こくうん》の進展に貢献し、ある時は憲政擁護のため、はたまた綱紀《こうき》粛正《しゆくせい》のために尽《つ》くしたことも一再《いっさい》に止《とど》まりませぬ。……なお諸君におかせられましては、この上ともいよいよご加餐《かさん》の上、わが日本国の再建、世界恒久平和の確保に向かって、一般のご努力あらむことを切望してやみませぬ。（拍手起こる）

貴族院は解散もなく、議員は終身任期であったので、廃止されれば、多くが議員でなくなることが予想された。その役職と栄誉は継続したいというのが本音であったろうし、国政にかかわってきた矜持《きようじ》もあったろう。感無量であったに違いない。時期的にやや遡《さかのぼ》るが、宮田光雄議員は、今や新憲法日本国憲法下では貴族院は枢密院共々《ともども》廃止されるべき、と述べていた。

●第八十九回貴族院本会議　一九四五（昭和二十）年十一月二十九日
宮田光雄議員　……われわれが当面しておるところのこの国家の重大時機に際しまして、まず憲法を変えていただきたいというその二つの要点は、枢密院を廃止していただきたい。ただ今の貴族院というものも止めていただきたい。……有爵《ゆうしやく》［爵位保持者］議員諸君も、われわれ勅選《ちよくせん》［議員］も、また多額納税者議員も、共にこの貴族院の廃止と共に消滅するということを覚悟をして、憲法改正をしていただこうじゃありませぬか。……

第一回国会

前述のように、衆議院は一九四六（昭和二十一）年四月十日に行われた第二十二回総選挙でメンバー（議員）が刷新されていたが、最後の帝国議会終了後、選挙を行わなければならなかった。

当時の首相は与党第一党である日本自由党の総裁・吉田茂であったが、吉田の身分は廃止される貴族院議員であったうえ、旧帝国憲法にもとづく内閣はいったん退場すべき、となったからである。

いっぽう、貴族院が廃されて、代わりに立ち上がる参議院は勅選議員や互選《ごせん》議員で構成するわけにはいかず、こちらも選挙が必要であった。そのため、一九四七（昭和二十二）年四月二十日に第一回参議院議員総選挙、同月二十五日には第二十三回衆議院議員総選挙がきびすを接して行われた（図表17）。

当時は不安定な社会情勢のなか、社会主義思想やゼネストの噂《うわさ》が蔓延《まんえん》していたので、

図表17　戦後三選挙と当選者

	第22回 衆議院選挙	第１回 参議院選挙	第23回 衆議院選挙
	帝国憲法下	日本国憲法下	日本国憲法下
実施日	1946（昭和21） 年４月10日	1947（昭和22） 年４月20日	1947（昭和22） 年４月25日
選挙権	20歳以上男女	20歳以上男女	20歳以上男女
被選挙権	25歳以上男女	25歳以上男女	25歳以上男女
投票率	72％	61％	68％

日本自由党	141人	38人	131人
日本進歩党→民主党	94人	37人	124人
日本社会党	93人	47人	143人
日本協同党→日本農民党	14人	0人	36人
日本共産党	5人	4人	4人
諸派	38人	13人	16人
無所属	81人	111人	12人
合計	466人	250人	466人

衆議院・参議院共に社会党が第一党になり、同党委員長の片山哲内閣が誕生した。

第一党と言っても過半数に届かない状態であったので、片山は吉田茂率いる日本自由党まで幅広く（共産党を除く）挙国一致内閣を目指したが、不調に終わる。結局、社会党、民主党・国民協同党・緑風会の連立政権となった。

日本自由党から見れば、社会党左派が共産党に近く、モスクワ（ソ連）とつながっているとの警戒感が強かったのだ。いずれにせよ、わが国で最初の社会党政権が誕生した。

この連立政権は片山首相、次いで民主党・芦田均首相とリレーされたが、炭坑国有化構想や昭和電工疑獄事件などにより支持率は凋落、次の選挙では民主自由党（日本自由党から改名）の吉田茂政権に戻っていった。

結び――現代への教訓

「1第一回帝国議会」でも触《ふ》れたが、議員が政府にどれくらい自由に質問できるか、政府がどれくらいきちんと答弁したか、は議会の民主的運営を示すバロメータである。「質問」と称する「意見」は建前では禁止されていたが、両者の境界は曖昧《あいまい》であり、よき時代には、議員たちはこの境界線を乗り越えて闊達《かったつ》に論議・演説ができたのである。

それでは、実際に帝国議会で行われた議員質問数と政府回答数を見てみよう（図表18）。

これには通常議会も臨時議会もすべて含まれているが、政府回答率は常時《じょうじ》高く、時代における差は感じられない。むしろ、平均質問数が重要である。これを見ていくと、帝国議会にも大正デモクラシーが十分反映されていたことがわかるし、日中戦争から太平洋戦争敗戦に至る期間がいかに閉塞《へいそく》していたかが明らかである。

次に、貴族院と衆議院の質問数を比べてみる。帝国議会五七年間において、衆議院の質問総件数二二五六件、年平均四〇件に対して、貴族院は同九一件、一・六件と圧倒的に少ない。貴族院は政府提案に対して、ほぼそのまま認証する機関だったことがわかる。

衆議院では、どのような議員が質問の機会を捉《とら》えて論議・弁論で活躍したのだろうか。

図表18　帝国議会における議員質問と政府回答

	議員質問数/平均	政府回答数/平均	回答率
貴族院（57年間）	91件/ 1.6件	87件/ 1.5件	96%
衆議院（57年間）	2256件/40件	1995件/35件	88%

↓ 時期別に見ると……

明治期 （第１～28回・約21年間）	785件/37件	659件/31件	84%
大正期 （第29～51回・約14年間）	834件/60件	755件/54件	91%
昭和初期 （第52～70回・約12年間）	496件/41件	445件/37件	90%
日中戦争期 （第71～77回・約４年間）	91件/23件	86件/22件	95%
太平洋戦争期 （第78～87回・約４年間）	17件/ 4件	17件/ 4件	100%
戦後期 （第88～92回・約２年間）	33件/17件	33件/17件	100%

※平均は年平均

　衆議院議員在籍者数は計三八二三名だったが、このうち、帝国議会議事録に収録してある質問者は計七〇二名、全体の一八パーセントにすぎない。しかも質問一回の者が三二五名、二回の者が一五八名と、これだけで質問者の七〇パーセント近くになる。すなわち質問はきわめて特定の議員に集中し、偏《かたよ》っていたのである。

　質問数のトップは田中正造の九〇件である。足尾鉱毒事件関連が多いが、けっしてそれだけではない。第二位の横山勝太郎《よこやまかつたろう》（五〇件）、第三位の花井《はない》卓蔵《たくぞう》（三七件）、第四位の清瀬一郎（二六回）の三人は、いずれも弁護士出身で法理論に長《た》けていた。

粛軍演説や反軍演説という、歴史的名演説を打《ぶ》った斎藤隆夫は元来《がんらい》、弁舌がさわやかというタイプではなかったが、論旨・論脈を練《ね》り、政府に追従することなく正論を吐《は》くので、次第に議会では一目《いちもく》も二目《にもく》も置かれるようになった。浜田国松には斎藤ほどの学識と論脈はなかったが、「腹切り問答」に見られるように、権力に直球勝負した熱血漢《ねっけつかん》である。

彼ら以外に、その発言内容に筆者が注目した議員を挙げてみる。

片岡直温（憲政会の重鎮）、杉山元治郎（労働農民党初代委員長）、中島弥団次（浜口首相秘書から政界入り）、北昤吉（北一輝の弟で哲学を修めた）、桜井兵五郎（実業界出身の論客）、出淵勝次《でぶちかつじ》（外交官出身の平和主義者）、田中伊三次（放言を恐れぬ硬骨漢《こうこつかん》）、池崎忠孝（夏目漱石門下、文学をあきらめて政界入り）。

べらんめえ調の国士タイプも目立つような気がするが、これは時代のせいか。いっぽう、現在の議員よりも大きな世界観・大局観を示した印象を受ける。昭和に入り、発言が窮屈《きゅうくつ》になった時期に堂々と政府に嚙《か》みついた人物は、例外なく豊かな経験や学識をベースに、説得力ある弁舌を披露していた。

政府側にも逸材が揃っていた。伊藤博文、小村寿太郎、後藤新平、高橋是清、浜口雄幸らの施政方針演説や答弁は、時代的制約に縛《しば》られない高い見識を保持していた。

戦前の帝国議会における最大の争点は、何と言っても「戦争と平和」であった。帝国議会の全期間五七年間において、実際に日清戦争、日露戦争、第一次世界大戦、シベリア出兵、満州事変、日中戦争、太平洋戦争といった数多くの戦争に日本は巻き込まれた。政治的・経済的実力に比《ひ》して、軍事力が突出した武断国家となり、テロ（言論テロ含む）も多発した。その原因の大元《おおもと》は文と武の鬩《せめ》ぎ合いであり、シビリアン・コントロールの強弱の問題であった。

これに対して、戦後の日本国会は一見シビリアン・コントロールが十分利《き》いて、比較的穏健な論議で推移しているように見える。

現在の日本は、GDP規模に比例した軍事予算は確保され、米軍基地も数多く存在し、けっして軍事小国ではない。そこに、最近（二〇一六年六月）は憲法第九条改正や集団的自衛権容認にすこしずつ歩み寄ろうとしている。これらは、究極にはシビリアン・コントロールが機能するかどうかにつながるだろう。ならば、それらが実際に論議される国会における議会力学を考えるうえで、帝国議会の議事検証は参考になるはずである。

現在、「護憲・自衛隊極小化・日米安保極小化・集団的自衛権放棄・非核」を主張するハト派と「改憲・自衛隊拡充・日米安保拡充・集団的自衛権行使・核武装」を主張するタカ派が両極を形成、その間にさまざまな順列組み合わせ的意見が現出している。

しかし、憲法解釈がどこまで拡大できるか、憲法改正が本当に必要かは、実務的論議からは生まれない。

軍隊・自衛権において他国並みの「フツーの国」か、今の日本国憲法があるのは僥倖《ぎようこう》と考えて率先して世界平和を目指す「トクベツの国」かの選択は、実務の問題ではない。哲学や歴史観などにもとづき、国会で、国民の見えるように論議されねばならない。

この場合、第八十九回帝国議会で幣原喜重郎首相が述べた「世界の人心を制し、国内および国際関係の羅針盤たるべきものは、銃剣の力ではなく、徳義の力であり、合理的精神の支配でなければなりませぬ」が、その参考になるのではなかろうか。

帝国議会を振り返れば、前述したように敵味方共に動かした先達《せんだつ》の弁舌が想起《そうき》されるが、「日本国土を護《まも》らせたまう神がこれを言わしめた」と評された斎藤隆夫の粛軍演説の再来を、テレビ中継でぜひ聞いてみたいものである。

おわりに

近代史を著述する際には、参考書籍や資料を買い集めたり、国立国会図書館に行ったりすることが多い。今から三年ほど前、新館三階にある憲政資料室に通ううちに、「帝国議会議事録」と「国会議事録」がデジタル化されており、自宅でも閲覧・印刷できることを知った。

「便利な時代になった」と関係者の努力に感謝しつつ、自宅でパソコンによる議事録の検索・抽出を始めた。それからの喜怒哀楽《きどあいらく》は「はじめに」に記した通りである。

第一次原稿は、ようやく本年初頭に完成した。ご縁《えん》があって祥伝社に相談したところ、新書での刊行を快諾いただいた。以来、飯島英雄氏に相談しつつ、事案の構成、とかく読みづらい議事録原文の現代語化、現代との関連などを修正した。この間、水無瀬尚編集長には全般にわたって方向づけをしていただいた。祥伝社新書編集部に厚く御礼を申し上げたい。

筆者記す

資料① 帝国憲法における帝国議会規定

第三章　帝国議会

第三十三条　帝国議会は貴族院衆議院の両院をもって成立す。

第三十四条　貴族院は貴族院令の定《さだ》むるところにより皇族華族および勅任《ちょくにん》せられたる議員をもって組織す。

第三十五条　衆議院は選挙法の定むるところにより公選せられたる議員をもって組織す。

第三十六条　何人《なんぴと》も同時に両議院の議員たることを得ず。

第三十七条　すべて法律は帝国議会の協賛を経《ふ》るを要《よう》す。

第三十八条　両議院は政府の提出する法律案を議決しおよび各々《おのおの》法律案を提出することを得《え》［る］。

第三十九条　両議院の一《いつ》において否決したる法律案は同会期中において再《ふたた》び提出することを得ず。

第四十条　両議院は法律またはその他の事件につき各々その意見を政府に建議することを得［る］。ただしその採納《さいのう》を得ざるものは同会期中において再び建議することを得ず。

第四十一条　帝国議会は毎年これを召集す。

第四十二条　帝国議会は三カ月をもって会期とす。必要ある場合においては勅命をもってこれを延長することあるべし。

第四十三条一、臨時緊急の必要ある場合において常会《じょうかい》のほか臨時会を召集すべし。

二、臨時会の会期を定むるは勅命による。

第四十四条一、帝国議会の開会閉会会期の延長および停会は両院同時にこれを行うべし。

二、衆議院解散を命ぜられたるときは貴族院は同時に停会せらるべし。

第四十五条　衆議院解散を命ぜられたるときは勅命をもって新《あら》たに議員を選挙せしめ解散の日より五カ月以内にこれを召集すべし。

第四十六条　両議院は各々その総議員三分の一以上出席するにあらざれば議事を開き議

決をなすことを得ず。

第四十七条　両議院の議事は過半数をもって決《けっ》す。可否《かひ》同数なるときは議長の決するところによる。

第四十八条　両議院の会議は公開す。ただし政府の要求またはその院の決議により秘密会となすことを得［る］。

第四十九条　両議院は各々天皇に上奏することを得［る］。

第五十条　両議院は臣民《しんみん》［国民］より呈出《ていしゅつ》する請願書を受《う》くることを得［る］。

第五十一条　両議院はこの憲法および議院法に掲《かか》ぐるものの外内部の整理に必要なる諸規則を定むることを得［る］。

第五十二条　両議院の議員は議院において発言したる意見および表決につき院外において責《せき》を負《お》うことなし。ただし議員自《みずか》らその言論を演説刊行筆記またはその他の方法をもって公布したるときは一般の法律により処分せらるべし。

第五十三条　両議院の議員は現行犯罪または内乱外患《ないらんがいかん》に関《かかわ》る罪を除くほか会期中その院の許諾なくして逮捕せらるることなし。

第五十四条　国務大臣および政府委員は何時《なんどき》たりとも各議院に出席しおよび発言することを得［る］。

資料② 帝国議会全会期

回次	会期	首相(組閣次数)	事項(年・月)
1	1890(明治23)年11月29日〜1891(明治24)年3月7日	山県有朋①	第一回帝国議会(1890・11)
2	1891(明治24)年11月26日〜12月25日	松方正義①	足尾鉱毒事件(1891・12)
★3	1892(明治25)年5月6日〜6月14日	松方正義①	
4	1892(明治25)年11月29日〜1893(明治26)年2月28日	伊藤博文②	
5	1893(明治26)年11月28日〜12月30日	伊藤博文②	東学党の乱(1894・3)
★6	1894(明治27)年5月15日〜6月2日	伊藤博文②	日清戦争勃発(1894・8)
●7	1894(明治27)年10月18日〜10月21日	伊藤博文②	
8	1894(明治27)年12月24日〜1895(明治28)年3月23日	伊藤博文②	下関条約締結(1895・4) 三国干渉(1895・4)

※★は特別会、●は臨時会、無印は通常会

9	1895(明治28)年12月28日〜1896(明治29)年3月28日	伊藤博文②	
10	1896(明治29)年12月25日〜1897(明治30)年3月24日	松方正義②	金本位制確立(1897・3)
11	1897(明治30)年12月24日〜12月25日	松方正義②	
★12	1898(明治31)年5月19日〜6月10日	伊藤博文③	
13	1898(明治31)年12月3日〜1899(明治32)年3月9日	山県有朋②	治外法権撤廃(1899・7)
14	1899(明治32)年11月22日〜1900(明治33)年2月23日	山県有朋②	治安警察法制定(1900・2) 義和団事件(1900・6)
15	1900(明治33)年12月25日〜1901(明治34)年3月24日	伊藤博文④	立憲政友会結成(1900・9) シベリア鉄道開通(1901・11)
16	1901(明治34)年12月10日〜1902(明治35)年3月9日	桂太郎①	日英同盟締結(1902・1)
17	1902(明治35)年12月9日〜12月28日	桂太郎①	
★18	1903(明治36)年5月12日〜6月4日	桂太郎①	

回次	会期	首相（組閣次数）	事項（年・月）
19	1903（明治36）年12月10日〜12月11日	桂　太郎①	日露戦争勃発（1904・2）
●20	1904（明治37）年3月20日〜3月29日	桂　太郎①	
21	1904（明治37）年11月30日〜1905（明治38）年2月27日	桂　太郎①	ポーツマス条約締結（1905・9）
22	1905（明治38）年12月28日〜1906（明治39）年3月27日	桂　太郎① 西園寺公望①	日本社会党結成（1906・2） 南満州鉄道株式会社設立（1906・11）
23	1906（明治39）年12月28日〜1907（明治40）年3月27日	西園寺公望①	
24	1907（明治40）年12月28日〜1908（明治41）年3月26日	西園寺公望①	
25	1908（明治41）年12月25日〜1909（明治42）年3月24日	桂　太郎②	伊藤博文暗殺（1909・10）
26	1909（明治42）年12月24日〜1910（明治43）年3月23日	桂　太郎②	
27	1910（明治43）年12月23日〜1911（明治44）年3月22日	桂　太郎②	関税自主権回復（1911・2）

会期	期間	内閣	主な出来事
28	1911（明治44）年12月27日〜1912（明治45）年3月25日	西園寺公望②	中華民国成立（1912・1）
●29	1912（大正1）年8月23日〜8月25日	西園寺公望②	
30	1912（大正1）年12月27日〜1913（大正2）年3月26日	桂　太郎③ 山本権兵衛①	第一次護憲運動（1912・12）
31	1913（大正2）年12月26日〜1914（大正3）年3月25日	山本権兵衛①	ジーメンス事件（1914・1）
●32	1914（大正3）年5月5日〜5月7日	大隈重信②	
●33	1914（大正3）年6月22日〜6月28日	大隈重信②	
●34	1914（大正3）年9月4日〜9月9日	大隈重信②	第一次世界大戦勃発（1914・7）
35	1914（大正3）年12月7日〜12月25日	大隈重信②	青島占領（1914・11）
★36	1915（大正4）年5月20日〜6月9日	大隈重信②	対華二十一カ条要求（1915・1）
37	1915（大正4）年12月1日〜1916（大正5）年2月28日	大隈重信②	

回次	会期	首相(組閣次数)	事項(年・月)
38	1916(大正5)年12月27日〜1917(大正6)年1月25日	寺内正毅	艦隊地中海派遣(1917・2) ロシア革命勃発(1917・3)
★39	1917(大正6)年6月23日〜7月14日	寺内正毅	金輸出禁止(1917・9)
40	1917(大正6)年12月27日〜1918(大正7)年3月26日	寺内正毅	米騒動(1918・7) シベリア出兵(1918・8)
41	1918(大正7)年12月27日〜1919(大正8)年3月26日	原 敬	ヴェルサイユ条約締結(1919・6)
42	1919(大正8)年12月26日〜1920(大正9)年2月26日	原 敬	国際連盟設立(1920・1)
★43	1920(大正9)年7月1日〜7月28日	原 敬	
44	1920(大正9)年12月27日〜1921(大正10)年3月26日	原 敬	原首相暗殺(1921・11)
45	1921(大正10)年12月26日〜1922(大正11)年3月25日	高橋是清	ワシントン会議(1921・11)
46	1922(大正11)年12月27日〜1923(大正12)年3月26日	加藤友三郎	日本共産党結成(1922・7)

回	期間	首相	主な出来事
●47	1923(大正12)年12月11日〜12月23日	山本権兵衛②	関東大震災(1923・9)
48	1923(大正12)年12月27日〜1924(大正13)年1月31日	山本権兵衛② 清浦奎吾	第二次護憲運動(1924・1) 排日移民法[移民法]制定(1924・5)
★49	1924(大正13)年6月28日〜7月18日	加藤高明	
50	1924(大正13)年12月26日〜1925(大正14)年3月30日	加藤高明	治安維持法制定(1925・3) 普通選挙法制定(1925・3)
51	1925(大正14)年12月26日〜1926(大正15)年3月25日	加藤高明 若槻礼次郎①	
52	1926(昭和1)年12月26日〜1927(昭和2)年3月25日	若槻礼次郎①	金融恐慌(1927・3)
●53	1927(昭和2)年5月4日〜5月8日	田中義一	
54	1927(昭和2)年12月26日〜1928(昭和3)年1月21日	田中義一	
★55	1928(昭和3)年4月23日〜5月6日	田中義一	
56	1928(昭和3)年12月26日〜1929(昭和4)年3月25日	田中義一	満州某重大[張作霖爆殺]事件(1928・6)

回次	会期	首相（組閣次数）	事項（年・月）
57	1929（昭和4）年12月26日〜1930（昭和5）年1月21日	浜口雄幸	金輸出解禁（1930・1） ロンドン軍縮会議（1930・1）
★58	1930（昭和5）年4月23日〜5月13日	浜口雄幸	浜口首相遭難（1930・11）
59	1930（昭和5）年12月26日〜1931（昭和6）年3月27日	浜口雄幸	満州事変（1931・9）
60	1931（昭和6）年12月26日〜1932（昭和7）年1月21日	犬養　毅	金輸出再禁止（1931・12） 第一次上海事変（1932・1）
●61	1932（昭和7）年3月20日〜3月24日	犬養　毅	血盟団事件（1932・2） 満州国建国（1932・3） 五・一五事件（1932・5）
●62	1932（昭和7）年6月1日〜6月14日	斎藤　実	
●63	1932（昭和7）年8月23日〜9月4日	斎藤　実	
64	1932（昭和7）年12月26日〜1933（昭和8）年3月25日	斎藤　実	国際連盟脱退（1933・3）
65	1933（昭和8）年12月26日〜1934（昭和9）年3月25日	斎藤　実	

回	会期	首相	主な出来事
●66	1934(昭和9)年11月28日〜12月9日	岡田啓介	
67	1934(昭和9)年12月26日〜1935(昭和10)年3月25日	岡田啓介	天皇機関説事件(1935・2) 相沢事件(1935・8)
68	1935(昭和10)年12月26日〜1936(昭和11)年1月21日	岡田啓介	二・二六事件(1936・2)
★69	1936(昭和11)年5月4日〜5月26日	広田弘毅	
70	1936(昭和11)年12月26日〜1937(昭和12)年3月31日	広田弘毅 林 銑十郎	日独防共協定締結(1936・11)
★71	1937(昭和12)年7月25日〜8月7日	近衛文麿①	日中戦争勃発(1937・7) 第二次上海事変(1937・8)
●72	1937(昭和12)年9月4日〜9月8日	近衛文麿①	
73	1937(昭和12)年12月26日〜1938(昭和13)年3月26日	近衛文麿①	国家総動員法制定(1938・3)
74	1938(昭和13)年12月26日〜1939(昭和14)年3月25日	平沼騏一郎	第二次世界大戦勃発(1939・9)
75	1939(昭和14)年12月26日〜1940(昭和15)年3月26日	阿部信行 米内光政	

回次	会期	首相（組閣次数）	事項（年・月）
76	1940（昭和15）年12月26日〜1941（昭和16）年3月25日	近衛文麿②	日独伊三国同盟締結（1940・9） 大政翼賛会設立（1940・10）
★77	1941（昭和16）年11月16日〜11月20日	東条英機	日ソ中立条約締結（1941・4） 南部仏印進駐（1941・7）
★78	1941（昭和16）年12月16日〜12月17日	東条英機	太平洋戦争勃発（1941・12）
79	1941（昭和16）年12月26日〜1942（昭和17）年3月25日	東条英機	翼賛選挙実施（1942・4）
●80	1942（昭和17）年5月27日〜5月28日	東条英機	ミッドウェー海戦敗北（1942・6）
81	1942（昭和17）年12月26日〜1943（昭和18）年3月25日	東条英機	
●82	1943（昭和18）年6月16日〜6月18日	東条英機	イタリア降伏（1943・9）
●83	1943（昭和18）年10月26日〜10月28日	東条英機	
84	1943（昭和18）年12月26日〜1944（昭和19）年3月24日	東条英機	

●85	1944(昭和19)年9月7日〜9月11日	小磯国昭	サイパン島陥落(1944・7)
86	1944(昭和19)年12月26日〜1945(昭和20)年3月25日	小磯国昭	東京大空襲(1945・3) ドイツ降伏(1945・5)
●87	1945(昭和20)年6月9日〜6月12日	鈴木貫太郎	広島、長崎原爆投下(1945・8)
●88	1945(昭和20)年9月4日〜9月5日	東久邇宮稔彦王	ソ連参戦(1945・8) ポツダム宣言受諾(1945・8) 国際連合設立(1945・10)
●89	1945(昭和20)年11月27日〜12月18日	幣原喜重郎	衆議院議員選挙法改正(1945・12) 天皇人間宣言(1946・1)
●90	1946(昭和21)年6月20日〜10月11日	吉田茂①	東京裁判開廷(1946・5)
●91	1946(昭和21)年11月26日〜12月25日	吉田茂①	日本国憲法公布(1946・11)
92	1946(昭和21)年12月28日〜1947(昭和22)年3月31日	吉田茂①	帝国議会閉会(1947・3)

参考文献

『帝国議会議事録』（国立国会図書館デジタルデータ）
『帝国議会衆議院秘密会議事速記録集』（衆議院）

青江舜二郎『石原莞爾』中公文庫　一九九二年
五百旗頭真『日米戦争と戦後日本』講談社学術文庫　二〇〇五年
石原莞爾『世界最終戦争』毎日ワンズ　二〇〇八年
石橋湛山著、松尾尊兊編『石橋湛山評論集』岩波文庫　一九八四年
泉三郎『伊藤博文の青年時代』祥伝社新書　二〇一一年
伊藤憲一『新・戦争論』新潮新書　二〇〇七年
伊藤博文著・宮沢俊義校註『憲法義解』岩波文庫　一九四〇年
今西英造『昭和陸軍派閥抗争史』伝統と現代社　一九七五年
植村邦彦『市民社会とは何か』平凡社新書　二〇一〇年
内村鑑三『非戦論』岩波書店　一九九〇年
エドワード・ミラー著、沢田博訳『オレンジ計画』新潮社　一九九四年

大江志乃夫『非戦の思想史』講談社現代新書　一九六九年
大江志乃夫『日本の参謀本部』中公新書　一九八五年
大江志乃夫『御前会議』中公新書　一九九一年
大木操『大木日記』朝日新聞社　一九六九年
大杉一雄『日中戦争への道』講談社学術文庫　二〇〇七年
大日方純夫・山田朗『近代日本の戦争をどう見るか』大月書店　二〇〇四年
岡本隆司『中国「反日」の源流』講談社選書メチエ　二〇一一年
片山杜秀『近代日本の右翼思想』講談社選書メチエ　二〇〇七年
川島真『シリーズ中国近現代史-2：近代国家への模索・1894-1925』岩波新書　二〇一〇年
河村幹雄『日米不戰論』雅舍　二〇〇五年
北一輝『北一輝思想集成』書肆心水　二〇〇五年
北村賢志『日米もし戦わば』光人社　二〇〇八年
木下和寛『メディアは戦争にどうかかわってきたか』朝日新聞社　二〇〇五年
木畑洋一『20世紀の戦争とは何であったか』大月書店　二〇〇四年
草柳大蔵『齋藤隆夫かく戦えり』文芸春秋　一九八一年
黒野耐『日本を滅ぼした国防方針』文春新書　二〇〇二年

黒野耐『参謀本部と陸軍大学校』講談社現代新書　二〇〇四年
ケネス・ルオフ著、木村剛久訳『紀元二千六百年』朝日新聞出版　二〇一〇年
幸徳秋水著、山泉進校注『帝国主義』岩波文庫　二〇〇四年
小林久三『軍人宰相列伝』光人社　二〇〇三年
斎藤隆夫『回顧七十年』中公文庫　一九八七年
坂野潤治・大野健一『明治維新1858-1881』講談社現代新書　二〇一〇年
佐高信『石原莞爾　その虚飾』講談社文庫　二〇〇三年
ジョン・W・マスランド、ローレンス・I・ラドウェイ著、高野功訳『アメリカの軍人教育』学陽書房　一九六六年
高橋英之『日米戦争はなぜ勃発したか』社会評論社　二〇〇八年
瀧井一博『文明史のなかの明治憲法』講談社選書メチエ　二〇〇三年
筒井清忠『近衛文麿』岩波現代文庫　二〇〇九年
富岡幸一郎『非戦論』NTT出版　二〇〇四年
富田信男ほか『政治に干与した軍人たち』有斐閣新書　一九八二年
西谷修『戦争論』講談社学術文庫　一九九八年
西部邁『戦争論』ハルキ文庫　二〇〇二年

秦郁彦『統帥権と帝国陸海軍の時代』平凡社新書　二〇〇六年
原剛・安岡昭男編『日本陸海軍事典　上・下』新人物往来社　二〇〇三年
原田敬一『帝国議会誕生』文英堂　二〇〇六年
原田敬一『日清・日露戦争』岩波新書　二〇〇七年
肥田理吉『陸海軍大臣文官論』自由評論社　一九二三年
別宮暖朗『帝国海軍の栄光と転落』文春新書　二〇一〇年
保阪正康『陸軍省軍務局と日米開戦』中公文庫　一九八九年
保阪正康『昭和陸軍の研究　上・下』朝日文庫　二〇〇六年
没後60年資料展図録編集委員会編『齋藤隆夫先生没後60年「遺墨・遺品」資料展図録』齋藤隆夫先生顕彰会　二〇一二年
前坂俊之『太平洋戦争と新聞』講談社学術文庫　二〇〇七年
牧原憲夫『民権と憲法』岩波新書　二〇〇六年
松田十刻『東条英機』ＰＨＰ文庫　二〇〇二年
松本健一『北一輝論』講談社学術文庫　一九九六年
松本健一『大川周明』岩波現代文庫　二〇〇四年
松本健一『評伝・斎藤隆夫』岩波現代文庫　二〇〇七年

三根生久大『陸軍参謀』文春文庫　一九九二年
宮台真司・姜尚中ほか『戦争論妄想論』教育史料出版会　一九九九年
村瀬信一『帝国議会』講談社選書メチエ　二〇一五年
山田風太郎『同日同刻』ちくま文庫　二〇〇六年
若槻禮次郎『明治・大正・昭和政界秘史』講談社学術文庫　一九八三年
若宮啓文『忘れられない国会論戦』中公新書　一九九四年
渡辺京二『北一輝』ちくま学芸文庫　二〇〇七年
渡辺行男『守衛長の見た帝国議会』文春新書　二〇〇一年

小島英俊　こじま・ひでとし

歴史研究家。1939年、東京都生まれ。1964年、東京大学法学部政治学科卒業、三菱商事入社。化学品部門で国内外に勤務後、1998年に退職。食品関係の(株)セ・デ・ベ・ジャポンを設立、代表取締役を務めた。2005年より近代史、鉄道史、交通史の執筆を続ける。著書に『流線形列車の時代』(NTT 出版)、『文豪たちの大陸横断鉄道』(新潮新書)、『外貨を稼いだ男たち』(朝日新書)、『合理的避戦論』(イースト新書)、『鉄道技術の日本史』(中公新書) など。

帝国《ていこく》議会《ぎかい》と日本人《にほんじん》

——なぜ、戦争《せんそう》を止《と》められなかったのか

小島英俊《こじまひでとし》

2016年7月10日　初版第1刷発行

発行者……………辻 浩明

発行所……………祥伝社しょうでんしゃ

〒101-8701　東京都千代田区神田神保町3-3

電話　03(3265)2081(販売部)

電話　03(3265)2310(編集部)

電話　03(3265)3622(業務部)

ホームページ　http://www.shodensha.co.jp/

装丁者……………盛川和洋

印刷所……………萩原印刷

製本所……………ナショナル製本

Printed in Japan　ISBN978-4-396-11472-5　C0221